大家小书

先秦思想讲话

杨向奎 著

北京出版集团
北京出版社

图书在版编目（CIP）数据

先秦思想讲话 / 杨向奎著. — 北京：北京出版社，2022.12（2024.7 重印）

（大家小书）

ISBN 978-7-200-16104-5

Ⅰ. ①先… Ⅱ. ①杨… Ⅲ. ①先秦哲学—研究 Ⅳ. ①B220.5

中国版本图书馆 CIP 数据核字（2021）第 009006 号

总 策 划：高立志		责任编辑：王铁英 张 帅	
责任印制：陈冬梅		责任营销：猫 娘	
装帧设计：金 山			

· 大家小书 ·

先秦思想讲话

XIAN QIN SIXIANG JIANGHUA

杨向奎 著

出　　版	北京出版集团 北 京 出 版 社
地　　址	北京北三环中路 6 号
邮　　编	100120
网　　址	www.bph.com.cn
总 发 行	北京伦洋图书出版有限公司
印　　刷	北京华联印刷有限公司
开　　本	880 毫米 ×1230 毫米　1/32
印　　张	11.25
字　　数	184 千字
版　　次	2022 年 12 月第 1 版
印　　次	2024 年 7 月第 2 次印刷
书　　号	ISBN 978-7-200-16104-5
定　　价	58.00 元

如有印装质量问题，由本社负责调换
质量监督电话　010-58572393

总　　序

袁行霈

"大家小书"，是一个很俏皮的名称。此所谓"大家"，包括两方面的含义：一、书的作者是大家；二、书是写给大家看的，是大家的读物。所谓"小书"者，只是就其篇幅而言，篇幅显得小一些罢了。若论学术性则不但不轻，有些倒是相当重。其实，篇幅大小也是相对的，一部书十万字，在今天的印刷条件下，似乎算小书，若在老子、孔子的时代，又何尝就小呢？

编辑这套丛书，有一个用意就是节省读者的时间，让读者在较短的时间内获得较多的知识。在信息爆炸的时代，人们要学的东西太多了。补习，遂成为经常的需要。如果不善于补习，东抓一把，西抓一把，今天补这，明天补那，效果未必很好。如果把读书当成吃补药，还会失去读书时应有的那份从容和快乐。这套丛书每本的篇幅都小，读者即使细细地阅读慢慢地体味，也花不了多少时间，可以充分享受读书的乐趣。如果把它们当成补药来吃也行，剂量小，吃起来方便，消化起来也容易。

我们还有一个用意，就是想做一点文化积累的工作。把那些经过时间考验的、读者认同的著作，搜集到一起印刷出版，使之不至于泯没。有些书曾经畅销一时，但现在已经不容易得到；有些书当时或许没有引起很多人注意，但时间证明它们价值不菲。这两类书都需要挖掘出来，让它们重现光芒。科技类的图书偏重实用，一过时就不会有太多读者了，除了研究科技史的人还要用到之外。人文科学则不然，有许多书是常读常新的。然而，这套丛书也不都是旧书的重版，我们也想请一些著名的学者新写一些学术性和普及性兼备的小书，以满足读者日益增长的需求。

"大家小书"的开本不大，读者可以揣进衣兜里，随时随地掏出来读上几页。在路边等人的时候，在排队买戏票的时候，在车上、在公园里，都可以读。这样的读者多了，会为社会增添一些文化的色彩和学习的气氛，岂不是一件好事吗？

"大家小书"出版在即，出版社同志命我撰序说明原委。既然这套丛书标示书之小，序言当然也应以短小为宜。该说的都说了，就此搁笔吧。

杨向奎先生的上古史及其思想研究

吴 锐

杨向奎先生,字拱辰,1910年1月10日出生于河北丰润县(今唐山市丰润区)丰登坞镇杨家庄,1929年考入北京大学预科,1931年转入历史系,受教于顾颉刚、傅斯年、钱穆诸先生,也选修过钱玄同、胡适、熊十力等前辈的课程,其间与同学孙以悌、高去寻、胡厚宣、张政烺、王树民成立读书会——"潜社",出版"潜社史学论丛"。1935年毕业留本校文科研究所任助理,整理明清档案。1936年赴日本东京帝国大学留学,跟加藤繁教授(KATō Shigeshi,1880—1946)学习隋唐史,1937年"七七事变"时回国。1938年任甘肃学院讲师、教授。1940年到成都齐鲁大学国学研究所任职。1941年任城固西北联合大学历史系副教授。1943年秋,任四川三台县东北大学历史系教授。1946—1956年任青岛山东大学教授及中文历史两系主任、文学院院长，创办《文史哲》。1956年调到北京，任中国科学院历史研究所二所（现中国社会科学院历史研究所）研究员、清史研究室主任，兼任中国社会科学院研究生院教授、博士生导师。先生是中国人民政治协商会议第五、六届全国委员会委员，2000年7月23日在北京去世，新华社、《人民日报》《光明日报》《中国社会科学院院报》等报刊誉之为"史学界一代宗师"云。

通观古今中外，学派林立，而历史学领域里的学派少而又少。不仅如此，历史学家也比别的什么家少得多。这是因为，学历史要打笨功夫，时间长，很多人坚持不下来；能够坚持下来的一部分人，不少身体累垮了，剩下的如大浪淘沙，人数有限。据杨先生对我讲，他出生时家有二万大洋、四百亩地，应当是当地首富，可是家里不重视教育，舍不得花钱让孩子读书，直到杨先生1929年春考入北京大学，才突破土财主的局限。杨先生晚年和我说起他十三岁才读《左传》，还显得很不好意思。这里面有个比较，比如他的老师顾颉刚，两岁认字；顾先生的老师辈钱玄同先生，四岁背《尔雅》。加上河北的文化氛围不强（余杭国学大师章太炎称"燕赵之人，其钝如椎"），杨先生起步较晚，但对他影响不大，考入北京大学预科，进入全国文化中心、最高学府，就如鱼得水了。1931

年在顾颉刚先生的影响下入史学系本科，得名师指点，奠定了一生的学术根基。杨先生告诉我，当时的北大历史系可以叫作先秦史系，讲课的顾颉刚、傅斯年、钱穆诸先生，无不从先秦起家，连胡适也写出了《说儒》这样的长篇大论。杨先生晚年的卓越著作《宗周社会与礼乐文明》还特别讨论了《说儒》。

杨先生学出顾门，在他上大学的时代，古史辨运动异军突起，逐渐成为史学的主流，顾颉刚先生是公认的"核心人物"。当时有一个著名的"刘歆伪作《左传》公案"，我以为比较准确的概括应当是"刘歆将《国语》改编为《左传》公案"。这一公案在清末有康有为的大力阐述，得到现代学者如钱玄同先生的大加赞赏，认为铁案如山。钱先生是古史辨运动的引路人之一，自然要影响到顾先生。顾先生终生坚持《左传》里记事可信者十之七八，其记言之可信者不过十之一二，其预言式之言全不可信；也就是说《左传》中有后人附益语。"后人"被怀疑是刘歆。杨先生在大学二年级开始注意这个问题，到三四年级时已经写好了几篇关于《左传》的小文章，逐个就"五十凡""君子曰"等小问题进行研究，到1935年快毕业时汇成《论〈左传〉之性质及其与〈国语〉之关系》长文，1936年发表在顾颉刚先生主编的《北平研究院史学集刊》第2期,备受好评,后来就拿这篇论文评上了教授。先生此文的结论是:书法、凡例、解《经》语及"君子曰"等为《左传》所原有,非出后人之窜加,故《左传》本为传《经》之书。《国语》之文法、体裁、记事、名称等都与《左传》不同,故二者绝非一书之割裂。学术公案需要正方反方,才能推动问题的解决。"刘歆将《国语》改编为《左传》公案"至今没有解决,最新的契机是1991年甘肃敦煌悬泉遗址出土的西汉末年简牍,有《使者和中所督察诏书四时月令五十条》,开头是"太皇太后诏曰",中间多次出现"羲和臣秀"等语,最后是安汉公王莽奏请及逐级下达文书格语。文中的"秀"即刘歆,刘歆和王莽关系之密切,可见一斑。他和《左传》的关系尚待进一步研究。

古史辨派是典型的非马克思主义学派。同时异军突起的还有马克思主义史学流派,以郭沫若为代表。郭先生天才纵横,对甲骨文、金文披荆斩棘,引入马克思主义证史,也很新颖,但实则理论非其所长。杨先生是一位同情马克思主义的史学家,早在国民党统治时代,就对共产党有好感,1950年就加入中国共产党。杨先生十分重视理论(尤其是唯物史观)和古文字学,对郭沫若推崇备至。有一次杨先生和我闲聊,他说他的顾老师(颉刚)是一流学者,郭沫若可以说是超一流学者。这也反映了杨先生和他的顾老师在学术上的异趣。

我主张中国上古史的研究包括三个方面的内容，一是族系，二地理，三是社会统治形式。也就是说，要重建上古史的角色、舞台和表演形式。

（一）上古史的角色：即中国文明的主体，也就是说谁创造了中国文明？中国人自称是炎黄子孙，这炎帝和黄帝加上传统的二帝三王（二帝：尧、舜；三王：夏禹、商汤、周武王）被认为是中国正统文化的创作者。杨先生则是认为炎、黄、东夷构成华夏文明的主体。炎帝崇拜熊，黄帝崇拜天鼋（龟），东夷崇拜鸟。有一类商周青铜器带铭文，郭沫若先生已经释为"天鼋"，语焉不详，杨先生有重要发挥，并首次将青铜器铭文释为"玄鼋"，认为是夏人的图腾。我和杨先生一起研究这些青铜器的时候，我还无法将《山海经》里昆仑附近的黑水指定。杨先生去世之后我才明白，黑水其实就是汉中的褒水，也是汉水的支流。《周语·郑语》叙述二龙交配的液体化为"玄鼋"，不夫而育，生下褒姒。"玄"既可指黑色，也可形容神圣。褒水又叫"黑龙江"，可能来自玄鼋化为褒姒的传说。我把这点心得写入我的新书《中国上古的帝系构造》时，先生墓木已拱，痛哉！

《尚书》中的《吕刑》宣扬刑罚要得"中",杨先生认为《皋陶谟》《洪范》也鼓吹中道,包括《易经》卦位的安排,都体现了中道思想,属于炎帝文明而不是黄帝文明,构成尔后儒家中庸思想源泉。这是学术界从未有人提出过的。由此出发,杨先生解释古史辨运动时期争论的焦点之一——老子的身世,也是独创。

他的顾老师因翻译《尚书·大诰》而考证周公东征史事的一部分,但问题之大,远远超出了西周史的范围,最后竟因600多字的《大诰》写成了70多万字的论文,主体是"周公东征的胜利和东方各族大迁徙",其中如《鸟夷族的图腾崇拜及其氏族集团的兴亡》等鸿篇巨制,把族系的研究推向顶峰,傲视群雄。

(二)上古史的舞台:炎黄族系的发祥地,杨先生在《大一统与儒家思想》(1989年出版)还定在河北,到1992年出版《宗周社会与礼乐文明》改为陕西等西北,接近古史辨派。东夷(或鸟夷)在东方,两派一致。

(三)上古史的表演形式:顾先生在古史辨运动初期提出"鬼治主义",很有眼光,此后顾先生不再向这方面拓展。我1990年起与杨向奎先生通信请教的正是神守社稷守。"神守""社稷守"出自先秦典籍《国语·鲁语》,古代的首领直接被称为"神",发展出"神守",杨先生将神守作为炎帝族系特有的统治形式,我主张神守的统治形式与族系无关,我将神守解释为像梵蒂冈那样的神权组织,社稷守则是像意大利那样的王权国家,最初所有的社会实体都是神守,也就是说只有梵蒂冈,没有意大利,后来从神守分化出社稷守,即最早的国家,这就是意大利;同时,还没有跨入国家门槛的神守仍比比皆是,也就是说梵蒂冈与意大利长期并存。神守是人类普遍经历的阶段,对政教合一污名化是数典忘祖。文明起源是中国古典学研究的热点,按照恩格斯的意见,国家是文明的概括,那么文明起源的核心是确定何时出现国家,也就是确定何时从神守分化出社稷守。

除中国上古史外,杨先生对中国古代"仁诚哲学"的研究也足以为杨派奠定基石。人生活于天地之间,按照传统的中国哲学,天为乾为阳,地为坤为阴,乾是万物所资始,是"刚健中正"的,"天行健,君子以自强不息"。坤是万物所资生,是"柔顺利贞"的,"地势坤,君子以厚德载物"。得到天地阴阳中和之气的是人,没有得到天地阴阳中和之气的是禽兽,因此人是万物之灵,与天、地并称"三才"。我国古代哲学著作的渊薮叫《周易》,产生于商代末年、西周初年。它本来是讲卜筮的,属于神秘主义,无哲学可言,可是战国时专门解释《周易》的《周易大传》对《周易》做了全新的哲学解释，其中说："天之大德曰生，生生之谓'易'。""易"本来就是变易，就是运动，就是生生不息，战国哲学家把它作为宇宙的本质（"天之大德"），真是一项伟大的哲学创造。宋代的哲学家更是将孔子第一次提出的"仁"解释为核桃仁、花生仁之类能生长的种子，"万紫千红总是春"。我以为中国文化最精华的就是这种伟大的"生生"哲学。由它可以引申出很多道理，比如自由（你凭什么不让别人生长？）、平等（难道就因为别人的生长与你不同，你就要灭之而后快？）、博爱（孟子曰："独乐乐，与人乐乐，孰乐？"）。可见"生生"哲学要引申到一切有生命、有创造力的东西。古人甚至还讲，"伐一树，谓之不孝"。孔子第一个提出"仁"，是一种生长哲学。儒家经典《中庸》鼓吹诚，杨先生认为也就是"仁"。当今大谈弘扬传统文化，实现民族伟大复兴，总得找到古代与现代的接合点吧。我以为接合点就在于古代的仁诚哲学和新文化运动提出的德、赛二先生（科学和民主）。

如果按才、学、识三方面衡量，杨先生之识尤高。难怪他推崇郭沫若那样的天才人物！顾颉刚先生善于搜集材料、学风严谨、文风优美，这三方面对于一个学派的流传都是很重要的，杨先生均未得真传。不过杨先生超越他的顾老师的地方，除了神守，还有金文。像《天亡》（又称《大丰》）、《令彝》等铜器铭文，杨先生都提出了一系列耳目一新的解释。

顾先生以他渊博的学识和伟大的人格魅力倾倒了一世学子，浙江省图书馆名不见经传的童书业遂执弟子之礼，成为顾先生最喜欢的学生。童先生是略带精神病的天才，古史、瓷器、艺术，无不涉猎，马列主义一学就通，杨先生晚年痴迷理论物理学，与童先生堪称一对活宝，难怪他们二人私交最笃。童先生早年笔名"童疑"，杨先生笔名"杨守"，他们的争论收录在《古史辨》第七册中。一疑一守，反映了学术上的异趣，埋下了尔后杨先生脱离古史辨派的种子。杨先生从入顾门到谢本师，最后自创新派，"史学界一代宗师"实至名归。

2017年5月4日于北京

目 录

001 / 原始的五行学说及其演变

033 / 宗教信仰和"上帝"观念的产生

050 / 宗周时代的道德学说与政治思想

071 / 儒家与经学

071 / 　　第一节　孔子的思想及其学派

114 / 　　第二节　孟子的思想

137 / 　　第三节　荀子的思想

172 / 先秦诸子

172 / 　　第一节　墨子的思想与墨者集团

211 / 　　第二节　道家思想——老子和庄子

264 / 　　第三节　法家与韩非

305 / 名墨訾应论

原始的五行学说及其演变

五行说本来包含有两种因素：一种是五方说，一种是五材说。无论哪一种说法，最初全是和农业生产相结合的带有素朴唯物主义色彩的早期科学。五方的观念在殷商时已经具备，胡厚宣教授于此曾有论述道：

> 今按：……殷代确有五方之观念，则可由卜辞证之，如帝乙帝辛时卜辞有曰：
> 己巳王卜贞☒岁商受年☒，王☒曰吉。
> 东土受年
> 南土受年
> 西土受年
> 北土受年（《粹》，九〇七）
> 此卜商与东南西北四方受年之辞也。"商"者亦称"中

商",如武丁时卜辞曰:

> 戊寅卜,王贞受中商年,十月。(《前》,八,一〇,三)
>
> □巳卜,王贞于中商乎御方。(《佚》,三四八)
>
> "中商"即商也,中商而与东南西北并贞,则殷代已有中东南西北五方之观念明矣。……然则此即后世五行说之滥觞。五行之观念,在殷代颇有产生之可能,未必即全为战国以后之物也。(《论五方观念及"中国"称谓之起源》)

这是一种有意义的说明。五方观念和一年的春夏秋冬加上夏秋之间的"中央"互相配合,循环不已,年复一年,是和农业生产有密切关联的,中国历法就是在这种关系下产生。这是对于自然观察的结果,是中国古代自然科学的起源,也是人类和自然斗争的智慧表现。在卜辞中还有关于西方风雨的记载,也是和原始的五行说有关。郭沫若先生的《卜辞通纂·天象门》中曾经录有如下的材料:

> 癸卯今日雨:其自西来雨?其自东来雨?其自北来雨?其自南来雨?

郭先生说:"一雨而问其东南西北之方向,至可异。"这真是值得我们注意的地方,为什么他们要问雨的方向?在当时看来,不同方向的风雨,结合到生产事业上说,可以发生不同的作用,因而产生他们对于不同方向风雨的看法。在卜辞中还有关于四方风的记载,刘晦之《善斋所藏甲骨文字》有一片是:

东方曰析,凤(风)曰劦
南方曰夹,凤曰凯
西方𣏗,凤曰彝
□(北)□(方)□(曰)□,□(凤)曰殴。

后来,前中央研究院第十三次发掘殷墟,得有武丁时卜辞云:

贞帝于东方曰析,凤曰劦
□□□□□□□,□□□
贞帝于西方曰彝,凤曰□□
□□□(卜)内□(贞)帝□(于)北□(方)□(曰)□□(凤)□(曰)□(殴)。

据胡厚宣教授所引金璋藏甲骨卜辞,其第四七二片武丁时卜辞有:

> 卯于东方析，三牛，三羊，孝三。（见《甲骨文四方风名考证》）

这全是说明殷商有着四方风的观念。殷墟第十三次发掘与善斋所藏，西方风与方颠倒，胡厚宣教授以为"善斋一片或系误刻误钞"。（《甲骨文四方风名考证》）他并且对于四方风名有过较详的考证道：

> 此甲骨文之四方名与风名者亦可于经籍征之：《山海经》曰："东方曰析，来风曰俊，处东极以出入风。"（《大荒东经》）"南方曰因，乎夸风曰乎民，处南极以出入风。"（《大荒南经》）"有人名曰石夷，来风曰韦，处西北隅以司日月长短。"（《大荒西经》）"北方曰鹓，来之风曰狻，是处东极隅以止日月，使无相间出没，司其短长。"（《大荒北经》）此某方曰某，来风曰某者，实与甲骨文之四方名及风名相合。……又《尚书·尧典》曰："分命羲仲，宅隅夷，曰旸谷，寅宾出日，平秩东作，日中，星鸟，以殷仲春，厥民析，鸟兽孳尾。申命羲叔，宅南交，曰明都，平秩南讹，敬致，日永，星火，以正仲夏，厥民因，鸟兽希革。分命和仲，宅西，曰昧谷，寅饯纳日，平秩西

成，宵中，星虚，以殷仲秋，厥民夷，鸟兽毛毨。申命和叔，宅朔方，曰幽都，平在朔易，日短，星昴，以正仲冬，厥民隩，鸟兽氄毛。"此所谓四方之民与鸟兽者亦与甲骨文及《山海经》之四方名及风名合，虽间有似不相同，然其转变演化之迹，固明白可辨也。

以上《尧典》曰宅其方曰某者，实袭甲骨文《山海经》之某方曰某。厥民某者，袭甲骨文《山海经》之四方名。鸟兽某某，由甲骨文之风曰某的讹变。在甲骨文仅为四方名某，风名某，《山海经》略同，惟已将四方名神人化，至《尧典》则为命羲和四人掌四时星历教民耕作。（参考胡厚宣前文）这是一种有意义的结合，因为有这种结合，才能使我们了然于古代四方说的真义，四方风雨和真义，这是中国早期的自然科学，殷商的人已经认识到四方和四方风雨对于生产的关系，把这些关系联系起来，正好是古代历法的先声。《夏小正》和《月令》也是这一种系统的产物，《夏小正》有云："正月时有俊风"，和《山海经》的"来风曰俊"合，而《国语·周语》耕耤"先时五日，瞽告有协风至"，也和甲骨文"东方风曰劦"相合。我怀疑这还和殷商的"劦田"令有关。由此更足以证明四方风雨和农耕的关系；那么，殷代卜风卜雨而问其所自来，是有原因的了。古代的历法不仅是简单的日月历而已,实在是有关于农耕的百科全书。一直到晚近,时宪书在农村中还起着这种作用;不过因为五行说被唯心化了以后,在时宪书上也有许多迷信色彩,这却是后来的事了。

以上所引《尧典》和《山海经》,虽然成书的时代还有问题,然其中的史料价值颇足珍贵,王国维在《殷代先公先王考》中曾经充分估计了《山海经》的价值,而因胡厚宣教授之考订四方风名,对于《尧典》的内容,也应当有新的估价。

四方或五方是早期五行说的一种因素,五材的说法也是五行说的重要因素之一。卜辞中虽然不见五材的系统记载,然而这也是原始的五行说不可缺少的内容,这是中国古代的物理科学,它把宇宙的物质成分分析为五种基本元素,和印度的四大说、希腊的四原子说有相类似的地方。最早的五材说见于《尚书·洪范》,自从汉人作了《洪范五行传》,讲说五行的人必定联想到它。据旧说,《洪范》是周初箕子所传,《尚书序》说:"武王胜殷,杀受立武庚,以箕子归作《洪范》。"这不是没有根据的说法,五行说的萌芽在殷代产生,所以箕子能够掌握这种学说,到殷代亡国后,他还在传布着。但这种说法有人反对,大约在二十年前,刘节先生有《洪范疏证》一文(见《古史辨》第五册下),认为它的著作时代当在秦统一中国以前，战国之末。我以为这种说法是值得商量的。在战国之末，秦统一以前的时代，五行说的次序已经排定，或相生或相胜（详下），不再流行第三种学说，而《洪范》中的五行次序正好是第三种的体系。原文说：

> 我闻在昔：鲧堙洪水，汩陈某五行。……初一曰五行。……一五行：一曰水，二曰火，三曰木，四曰金，五曰土。水曰润下，火曰炎上，木曰曲直，金曰从革，土爰稼穑。润下作咸，炎上作苦，曲直作酸，从革作辛，稼穑作甘。

依郑玄注（《礼记·月令疏》引），这种排列是天地生成之序，但这是《吕氏春秋·十二纪》和《礼记·月令》相生系统以外的说法，也和相胜的说法不同；在这两种系统成立以后，五行说再没有新的排列法。那么，《洪范》的说法不应当代表战国末，应当靠前。梁任公在这方面的意见颇为可取，他说："比（指《洪范》）不过将物质区为五类，言其功用及性质耳，何尝有丝毫哲学或术数的意味。"（见《古史辨》第五册下，《阴阳五行说之来历》）这就是说《洪范》中的五行只是五种物质和这五种物质固有的性质及其功用，还没有和唯心主义的思想结合在一起，这是较为原始的五行说。这种没有"哲学"或术数意味的五行说和《左传》《国语》中的记载颇为相近。《左传》襄公二十七年有"天生五材，民并用之"的记载，这"五材"，杜预注为"金木水火土"等，完全是物质。《左传》文公七年又把"水火金木土谷"叫作"六府"，也没有"哲学"上的意味。又《左传》昭公元年有云：

> 天有六气，降生五味，发为五色，征为五声，淫生六疾。六气曰：阴阳风雨晦明也。分为四时，序为五节。

杜预注以为"金味辛，木味酸，水味咸，火味苦，土味甘"，又以为"辛色白，酸色青，咸色黑，苦色赤，甘色黄"。如果这种解释，不远于原意，正如《洪范》的说法相同。此外昭公二十五年引子太叔和赵简子的问答也和昭公元年的记载相类似，原文云：

> 吉也闻诸先大夫子产曰："夫礼，天之经也，地之义也，民之行也；天地之经而民实则之，则天之明，因地之性，生其六气，用其五行。气为五味，发为五色，章为五声。"

这也是《洪范》五行说的同一系统。梁任公说："子太叔的答话与后世所谓《洪范》五行说者甚相类。"（见《古史辨》第五册下，《阴阳五行说之来历》）这是正确的说法。《国语》和《左传》的成书年代约略相同，五行说也类似，《国语·郑语》记有桓公和史伯的问答说：

> 公曰："周其弊乎？"对曰："殆于必弊者也……今王……去和而取同。夫和实生物，同则不继。……故先王以土与金木水火杂以成百物，是以和五味以调口，刚四支以卫体，和六律以聪耳，正七体以役心，平八索以成人，建九纪以立纯德，合十数以训百体，出千品，具万方。……夫如是和之至也。"

史伯以为这五种物质合起来可以造成万物，而发生无穷的作用；这是关涉到宇宙构成的学说，还属于素朴的五行说，没有被唯心主义的宇宙观所歪曲。韦昭对于土金等杂合百物的注解是"铸冶煎烹之属"，这更没有"哲学"的意味，不过是有些庸俗化了。在五行学说的演变上来说，正好是素朴的说法在前，而被唯心主义的歪曲了的说法在后。

依照五行说的演变体系，《洪范》和《左传》的说法在前，已如上述。依照唯心主义的观念和五行学说结合的程序来说，《左传》的记载也应当早于《月令》。(《左传》的五行说和宗教信仰互相配合的地方，因此也就说明了《左传》的五行说正处在一个转化时代)《十二纪》和《月令》的五行分配：春天是其帝太皞，其神勾芒；夏天，其帝炎帝，其神祝融；秋天，其帝少皞，其神蓐收；冬天，其帝颛顼，其神玄冥；在夏秋之间是其帝炎帝，其神后土。这种排列的方法也大体上是承袭旧说，仅就其中的五神而论，乃本于《左传》的五官说。《左传》昭公二十九年记蔡墨对于魏献子的答话道：

> "夫物，物有其官，官修其方，朝夕思之，一日失职，则死及之。……故有五行之官，是谓五官，实列受氏姓，封为上公，祀为贵神，社稷五祀，是尊是奉。木正曰句芒，火正曰祝融，金正曰蓐收，水正曰玄冥，土正曰后土。……"献子曰："社稷五祀，谁氏之五官也？"对曰："少皞氏有四叔：曰重，曰该，曰修，曰熙，实能金木及水。使重为句芒，该为蓐收，修及熙为玄冥；世不失职，遂济穷桑，此其三祀也。颛顼氏有子曰犁，为祝融，共工氏有子曰句龙，为后土，此其二祀也。"

后来这种说法和五方帝的说法结合，遂变成《十二纪》和《月令》的配合系统。

此外，《管子》中的五行说也是早期的一种，这虽然不是管子本人的意见，也不应晚于《吕氏春秋》，就五行说的配合系统说，它很像《吕氏春秋·十二纪》和《礼记·月令》的开创者。全书中和五行有关的是《幼官》《幼官图》和《五行》等三篇，这三篇的记载合在一起正当得《十二纪》或《月令》的全篇，而组织不完密，系统不分明，如果出自《吕氏春秋》以后，就不会有这种记载了。就五帝五神而论，它以黄后处当中，青后处东方，赤后处南方，白后处西方，黑后处北方，并没有五神的配合。在《五行》一篇内且说黄帝得六相而天下治，是较为奇特的说法，如云：

> 昔者黄帝得蚩尤而明于天道，得大常而察于地利，得奢龙而辩于东方，得祝融而辩于南方，得大封而辩于西方，得后土而辩于北方；黄帝得六相而天地治，神明至。蚩尤明乎天道，故使为当时；大常察乎地利，故使为廪者；奢龙辨乎东方，故使为土师；祝融辨乎南方，故使为司徒；大封辨于西方，故使为司马；后土辨乎北方，故使为李。是故春者土师也，夏者司徒也，秋者司马也，冬者李也。

在五行系统中,而有这样奇特的记载,殊为少有。其中的六官和《周礼》不完全相同,以春官为土师,夏官为司徒,秋官为司马,冬官为李,也不见于任何五行说的系统中。这样生硬的组织,只有说是五行说演变中上的"筚路蓝缕"时代才恰当。《墨子·贵义》篇有"帝乙壬癸杀黑龙于北方"的话,是最通行的五行说,而且很简单,不能说明任何问题,可以不论。

从《洪范》到《管子》的五行说,全是五行说上的"往旧",虽然《左传》《管子》的五行说已经和宗教上的崇拜结合在一起,不是单纯素朴的唯物学说了,然而这种五行体系仍然接近于原始的五行说,把这五种物质当作神来崇拜,是古代人民在自然前无力的表现。真正使五行说唯心化了的还是自子思、孟子开始,他们是儒家中的主观唯心论者,把主观唯心论的主张和原始的五行说结合在一起,于是五行说完全变质了。最先对思孟五行说提出批评的是荀卿,他说:

> 略法先王而不知其统,犹然而材剧志大,闻见杂博,案往旧造说,谓之五行。甚僻违而无类,幽隐而无说,闭约而无解,案饰其辞而祗敬之,曰:"此真先君子之言也。"子思唱之,孟轲和之。(《荀子·非十二子》)

我们知道，代表子思的书是《中庸》，代表孟轲的是《孟子》，一般于今传《中庸》《孟子》白文中看不见有显著的五行说，遂以为子思、孟轲未尝唱和。我们当然可以在《汉书·艺文志》内寻得子思、孟轲的已佚著作；安知思孟五行说不在佚书内么？这是推测之辞，不能说明问题。但如果能注意到荀子所说"甚僻违而无类，幽隐而无说，闭约而无解"这几句话的含义，足给我们一种暗示，"思孟五行说，不是太显明的，一看不会就了然的"。在现存《中庸》和《孟子》中发现五行思想需要有考索的功夫。近代考证子思孟轲五行说的有章太炎先生，他说：

《荀子·非十二子》议子思、孟轲曰："案往旧造说，谓之五行。"杨倞曰："五行，五常：仁义礼智信也。"五常之义旧矣，虽子思始创之亦无损，荀卿何讥焉？寻子思作《中庸》，其发端曰："天命之谓性。"注曰："木神则仁，金神则义，火神则礼，水神则智，土神则信。"《孝经说略》同此。（《王制正义》引）是子思之遗说也。（《文录》一，《子思孟轲五行说》）

但这种说法似乎并没有得到学术界的承认，一来是《中庸》的注解出自东汉郑玄，那是唯心主义的五行说的时代，郑玄的解释未必能够代表子思；二来这也是有些"幽隐而无说，闭约而无解"了，殊难使人理解。我则认为这种说法并不荒唐，思孟的性与天道是含有五行思想在内的，但需要加以详细的考索，这非片言可决，不妨先从浅处看起。先说孟轲，他的五行学说，依注家解释也显然具在，如云：

> 孟子曰："天时不如地利，地利不如人和。三里之城，七里之郭，环而攻之而不胜。夫环而攻之必有得天时者矣，然而不胜者，是天时不如地利也。"（《孟子·公孙丑下》）

以上之所谓"天时"，依赵岐注固亦解作"时日支干五行旺相孤虚之属"。孙奭《正义》自然依此立说，后来朱子的《集注》也本之无疑，他并且说，"孤虚以方位言，如俗言向某方利、某方不利之类；王相指日时"（《朱子语类》五四）。不过赵岐也是东汉人，他的解释能否代表孟子，不是同样成问题么？但我们以孟子同时或稍后的记载来解释，则兵家之所谓天时，非日时五行之类莫属。反对思孟五行说的荀子也有这样的话：

> 武王之诛纣也,行之日以兵忌:东面而迎太岁。(《荀子·儒效》)

因为兵家的禁忌的岁星所在,国不可伐(见《汉书·艺文志》)。这不是很近于《孟子》赵注的说法么?比这更显明的例证,则有《韩非子》的记载:

> 初时者:魏数年东乡攻尽陶卫,数年西乡以失其国,此非丰隆、五行、太一、王相、摄提、六神、五括、天河、殷抢、岁星,非数年在西也,又非天缺、弧逆、刑星、荧惑、奎台非数年在东也。(《韩非子·饰邪》)

这种因星辰方位的不同,而致用兵有胜败的结果,也正可以解释孟子之所谓天时。《吕氏春秋·十二纪》内多有这类思想,如《孟春纪》云:"是月也,不可以称兵,称兵必有天殃。"又《仲秋纪》云:"凡举事无逆天数,必顺其时。"此所谓"举事",《月令》作"举大事",当指兵事言。《十二纪》是五行学说配备最完备的书,其中把社会现象人类行为分作五个范畴,每一纪有每一纪应有的行为,不能违犯,违犯了是要遭致天殃的。稍后《淮南子》的记载更给我们讲解《孟

子》天时说以良好的说明,如云:

> 将者必有三隧、四义、五行、十守。所谓三隧者:上知天道,下习地形,中察人情。(《淮南子·兵略训》)

这说明一个将官应当具备的知识,此所谓"天道"即《孟子》的"天时",同书内尚有对于天道的解释道:

> 明于奇正,赅阴阳、刑德、五行、望气、候星、龟策、禨祥,此善为天道者也。

天时,天道,或谓之天数;《兵略训》又说:

> 所谓天数者,左青龙,右白虎,前朱雀,后玄武。

这正同于《十二纪》和《月令》的说法,也同于《孟子》的五行说。今传《孙子》一书也说,兵之五事,"一曰道,二曰天",而天者"阴阳寒暑时计也"。(《孙子·始计》)这些同于或稍晚于《孟子》的材料,还不足以解释《孟子》中的"天时"?固然,或者因为学派不同,彼此的名词含义有异；但要知道，如果一个学者说他学派内的专题，也许有不同于一般的解释，如《老子》谈"道"，孔子言"仁"，而兵事上的天时，似乎是当时人的常识，儒家，法家，兵家，杂家全都谈它，兵法诸家的解释源同，何以儒家独异？况且《吕氏春秋》《淮南子》是撮儒墨道法诸家之要的，不能说它的记载，独不能代表儒家。

由于以上的解释，虽然不能说军事学家创造了五行学说，但古代军事上惯于利用五行说则无疑间。除此以外，在春秋或者西汉的军队行列组织也充满五行色彩，如《国语·吴语》云：

> 吴王昏乃戒，令秣马食士。……载常建鼓，挟经秉枹。万人以为方陈，皆白裳、白旂、素甲、白羽之矰，望之如荼；王亲秉钺，载白旗以中陈而立。左军亦如之，皆赤裳、赤旗、丹甲、朱羽之矰，望之如火。右军亦如之，皆玄裳、玄旗、黑甲、乌羽之矰，望之如墨。

这虽然是不完备的五行组合，但依韦昭的注解说：左为阳所以尚赤，右为阴所以尚黑；也还是五行的行列。后来西汉初匈奴冒顿用兵，很显明地依五行说分配行列，如云：

> 匈奴骑：其西方尽白马，东方尽青駹马，北方尽乌骊马，南方尽骍马。（《史记·匈奴列传》）

这时候五行说已经大盛，所以匈奴也受此影响而运用了。

以上只是证明了《孟子》中有五行学说存在，其实《中庸》的五行说也并不难找，如其中引用孔子的话道：

> 素隐行怪，后世有述焉，吾弗为之矣！

"素隐行怪"是历史注家讲不通的话，而《汉书·艺文志》引作"索隐行怪"，师古注以为"索隐"是"求索隐暗之事"。朱子注《中庸》本于此而谓"邹衍推五德，后汉讲谶纬，便是隐僻"（《朱子语类》六十三大意）。这虽然说是孔子的话，引在《中庸》，正好代表子思。此外，还有如下的话：

> 仲尼祖述尧舜，宪章文武，上律天时，下袭水土。

任何注家虽然没有把"上律天时"解说有五行的思想，但只有五行说的"天时"为可律，《十二纪》《月令》的"五行律"正由此出发。在《论语·尧曰》篇内也有类似的话：

> 尧曰："咨尔舜，天之历数在尔躬，允执其中，四海困穷，天禄永终。"

这些话同时也见于《伪古文尚书·大禹谟》。《伪孔传》以为历数即天道，是说历运之数应当归之于舜了。什么是历运之数？这种运数以五为纪，可以叫作"五运"，而通称之曰"五行"，是循环演变的历史学说，是一种唯心主义的历史观。买办资产阶级的代言人胡适以为孔子时代有一种"五百年必有王者兴"的预言（见《胡适论学近著·说儒》），完全是胡说，这不是预言，是他们的定理。五百年是以五为纪的大循环，孟子就多言五百，如：

> 五百年必有王者兴。（《孟子·公孙丑》）
> 由尧舜至于汤，五百有余岁。……由汤至于文王，五百有余岁。……由文王至于孔子，五百有余岁。（《孟子·尽心》）

我们如果不以五行的学说来解释，他为什么老说"五百"？后来托名于贾谊的《新书》就有"圣王之起，大以五百为纪"的话（卷一《数宁》）。"五百为纪"，当然是用五行说解释。

其后《扬子法言》更有专篇讨论"五百"的问题,他说:

> 圣人聪明渊懿,继天测灵,冠乎群伦,经诸范,撰五百。(《扬子法言·五百卷》)

可见古代必有以"五百"为题的专书,其中是以五行说为中心的,可惜现在看不见了。

原始的五行说本来是以五方及五材为主要的因素,唯心化了的结果,遂有以五为纪,循环演变的学说,因之对于"五"的数字也造成迷信和崇拜,最能代表这种思想的是《易·系辞》:

> 天数五,地数五,五位相得而各有合。天数二十有五,地数三十,凡天地之数五十有五;此所以成变化而行鬼神也。

又:

> 参伍以变,错综其数。通其变,遂成天地之文;极其数,遂定天下之象。非天下之至变,其孰能与于此。

这是以"五"为中心的错综变化。我以为邹衍的"主运"说，正是承袭这种以五为纪的五行说。"行"和"运"和"历"的意义相同，所以"五行"可以呼之曰"主运"，又可以别呼之曰"历数"，"天之历数在尔躬"（《论语·尧曰》）正可以解释成"按照五行的次序该你当天子了"。

郭沫若先生的《先秦天道观之进展》是一部好书，也是肯定儒家提倡五行说的一个。其中说：

> 子思、孟轲的五行说在今存的思孟书中虽然不见，但在《尚书》的《洪范》中是保存着的。《洪范》那篇一定是子思作的文章。就文章和思想的内容上看来，《尧典》《皋陶谟》《禹贡》那三篇也当得是他做的。子思应该说是战国的一批分析学派的创首，他的五行说到了惠施手中变为"小一"，到了邹衍手中便扩大了起来，成为了阴阳生胜之学，更演为灾变神异的秘教，儒者也就讳言起来，荀子要尽力的排斥那倡始者是有由来的。（《先秦天道观之进展》四）

这种说法虽然和我们的意见不能一致，但也有相通的地方。我以为《洪范》的五行说还是质朴的阶级，没有术数的意味在内，这是思孟五行说的"往旧"。子思、孟子把质朴的五行说唯心化了，此后五行说变成自然和社会的演变法则，变成人类行为的轨范；这表现在秦汉时代的道德学说中更为显著，如《盐铁论·论菑》曰：

> 文学曰：始江都相董生推言阴阳，四时相继，父生之，子养之，母成之，子藏之。故春生仁，夏长德，秋成义，冬藏礼。此四时之序，圣人之所则也。（《盐铁论》下《论菑》）

五行学和道德论结合的结果，遂变成统治阶级的思想武器了，《春秋繁露》内类此叙述尚多，如《五行之义》云：

> 天有五行：一曰木，二曰火，三曰土，四曰金，五曰水。木，五行之始也，水，五行之终也，土，五行之中也，此其天次之序也。木生火，火生土，土生金，金生水，水生木，此其父子也。木居左，金居右，火居前，水居后，土居中央，此其父子之序，相受而布。是故木受水而火受木，土受火，金受土，水受金也。诸授之者，皆其父也；受之者，皆其子也；常因其父，以使其子，天之道也。是故木已生而火养之，金已死而水藏之，火乐木而养以阳，水克金而丧以阴，土之事天竭其忠，故五行者，乃孝子忠臣之行也。

这样把五行相生和父子授受之义比附在一起，而说五行为忠臣孝子之行，是当时流行的道德学说，《后汉书·荀爽传》也有如下的记载：

> 臣闻之于师曰：汉为火德，火生于木，木盛于火，故其德为孝。……故汉制使天下诵《孝经》，选吏举孝廉。

由此知汉代所谓以孝治天下者，其根据原来如此！因为有这种五行理论，我们才明白《汉书·艺文志》中于长《天下忠臣》九篇，为什么放在《阴阳家》内。章太炎的考证很为得当，他说：

> 《汉书·艺文志》有于长《天下忠臣》九篇，入《阴阳家》，自王应麟始发难，章学诚故笃信《七略》，犹缅缅为异论。不睹其书则伊尹周公在《道家》、务成子在《小说》尚不可知，独是书耶？若征验他书，承意逆志，故确然眼晰也。古者言忠孝传诸五行，《淮南王·泰族训》曰："澄列金木水火土之性，故立父子之亲而成家。"斯既然矣。……自邹衍以阴阳消息止乎君臣上下六亲之施，汉兴益著，至董生则比傅经义以五行说君臣。今《于长书》虽放失，拟

仪其旨，以是为根株，故入《阴阳家》，无所惑也。（《文录》一，《说于长书》）

如果我们不了解汉代学术思想情况，或者不了解五行说的演变情况，《于长书》放在《阴阳家》内，是没法索解的事；假使了解了这些，这正如章太炎所说，是"无所惑"的。

虽然先秦诸子以及两汉经师多说五行，而五行说的大师是邹衍。可惜关于他的事迹，如今知道的不多，他大概和燕昭王同时，而与梁惠王不相及，他的著作全散失了，所以有关他的学说也残缺不全，《史记·孟子荀卿列传》说：

> 邹衍睹有国者益淫侈，不能尚德，若《大雅》整之于身，施及黎庶矣。乃深观阴阳消息而作怪迂之变，《终始》《大圣》之篇，十余万言。其语闳大不经，必先验小物，推而大之，至于无垠。先序今以上至黄帝，学者所共术，大并世盛衰，因载其禨祥度制，推而远之，至天地未生，窈冥不可考而原也。……称引天地剖判以来，五德转移，治各有宜，而符应若兹。……然要其归，必止乎仁义节俭，君臣上下六亲之施，始也滥耳。王公大人初见其术，惧然顾化，其后不能行之。……作《主运》。

在这一段记载内,可以看出几点事实:第一,他的学说的提出,是因为一般王公大人淫侈而不尚德,要旨是"止乎仁义节俭,君臣上下六亲之施"。这种观念正和思孟的五行说相同,从此也可以证明郑君注《中庸》"天命之谓性"的说法和唯心论的五行说一线相通。第二,他的历史观以黄帝作中心,推测天地未生,而道其盛衰和禨祥制度。用以推测的方法是"五德转移,治各有宜"。他所以特别注意黄帝以前到黄帝那一段,大概那是他的"史前期",不易为人了解的缘故。他的这种历史变迁法则,是思孟五行说的具体利用。第三,他又有《主运》一书,"主运"的意义和"五行"相当,《史记集解》引如淳的话道:

今其书有《主运》,五行相次转用事,随方面为服。

以上"五行相次转用事,随方面为服"的意义,当然和《十二纪》《月令》等记载相同,是说哪一"行"用事,当时的衣物颜色也应当变了。邹衍是后于孟子的人,他的学说受有孟子的影响。太史公关于《史记》内的合传不是随意安排的,没有关系或者思想事业不相干的绝不放在一起。老子和韩非同传虽为刘子玄所讥,但研究思想史的人全知道那是合理的。邹衍既然受了孟子的影响，他的五行学说最初也应当是相生而不是相胜。这，共有几种理由可以提出：

（一）他的五行说是"止乎仁义节俭"，这正和"言忠孝传诸五行"的说法相同，是相生说的产物。

（二）五行相次，随方面为服的说法和《月令》等内容相似，而《月令》等的五行说是相生的系统。

（三）原始的五行说本来是相生的体系，五方和四时的排列全是相生。

（四）思孟的天道观，近乎一种命定论者，在"五百年必有王者兴"的观念下，和相胜说不相容。

（五）"仲尼门人，言羞称乎五霸"，绝不会主张相胜说，因为那近乎一种暴力主义。

（六）郑玄注《周礼·夏官·司爟》引邹子的话是相生说。原文云："郑司农（众）说以邹子曰，春取榆柳之火，夏取枣杏之火，季夏取桑柘之火，秋取柞楢之火，冬取槐檀之火。"这种五时取火的说法，同于《十二纪》和《月令》，也足见其相生的体系。何晏解《论语·阳货》"钻燧改火"云："马融云：《周礼·月令》有'更火'之文，春取榆柳之火，夏取枣杏之火，季夏取桑柘之火，秋取柞楢之火，冬取槐檀之火。一年之中，钻火各异木，故曰：'改火'也。"这和邹衍的说法相同。又皇侃疏云:"改火之木,随五行之色而变也。榆柳色青,故春用榆柳也。枣杏色赤,夏是火,火色赤,故夏用枣杏也。桑柘色黄,季夏是土,土色黄,故季夏用桑柘也。柞楢色白,冬是金,金色白,故秋用柞楢也。槐檀色黑,冬是水,水色黑,故冬用槐檀也。"这很明显的是用相生说的次序。顾颉刚先生因为主张邹子是提倡相胜说的,所以不信皇疏,而引贾公彦的说法道:"言取榆柳之等,旧时皆以为取五方之色同,故用之。今案,枣杏虽赤,榆柳不青,槐檀不黑,其义未闻。"(《周礼疏》)如以常识讲五行,不可解处甚多,何待树木的颜色!即以颜色论,榆柳未尝不青,槐檀也颇近于黑。贾氏的说法不足为反证。

所以相生说先相胜说而存在,乃无疑问。那么,顾颉刚先生为什么主张邹子是相胜说,他是根据《史记》的如淳注和《七略》。《史记·封禅书》说:

自齐威宣之时,驺衍之徒论著五德终始之运。

《集解》引如淳曰:

今其书有五德终始,五德各以所胜为行。

又《文选·魏都赋》引《七略》曰:

> 邹子有终始五德,从所不胜:土德后木德继之,金德次之,火德次之,水德次之。

这是相胜说了。邹衍为什么既主张相生,又提倡相胜?我认为这是他的双重人格的表现,他是一个儒家,顾颉刚先生就曾经说过:

> 我很疑心邹衍亦儒家,他的学说归本于"仁义节俭,君臣上下六亲之施"。此其一。《史记·平原君传·集解》引刘向《别录》有邹衍论辨一条,……与荀子论辨的话相同。此其二。《史记》以他与孟子、荀卿合传。此其三。西汉儒家如董仲舒、刘向等的学说与他极相像。此其四。(见《古史辨》第五册下,《五德终始说下的政治和历史》)

这种说法是对的,但也只是说明了邹衍的前一半,后来他是一个变了节的人,他放弃了儒家的学说。《盐铁论》中的御史说:

> 故商君以王道说孝公不用,即以强国之道,卒以就功。

邹子以儒术干世主不用,即以变化始终之论,卒以显名。(见原书上《论儒》)

又《盐铁论》中的大夫说:

> 邹子疾晚世之儒墨,不知天地之弘,昭旷之道,将一曲而欲道九折,守一隅而欲知万方,犹无准平而欲知高下,无规矩而欲知方圆也。于是推大圣终始之运,以喻王公列士。中国名山通谷以至海外,所谓中国者,天下八十分之一,名曰赤县神州而分为九。川谷阻绝,陵陆不通,乃为一州,有大瀛海圜其外,此所谓八极而天下际焉。(见原书下《论邹》)

同上文学说:

> 邹衍非圣人,作怪误,惑六国之君,以纳其说;此《春秋》所谓匹夫荧惑诸侯者也。

这些西汉人的说法,应当有所依据。邹衍最初是"以儒术干世主"的,大概他所谓"仁义节俭,君臣上下六亲之施",

就是这时的论调。因为不被人所重视，才改了主义而提倡五行相胜说，以荧惑当世六国的君主，邹衍的显赫也应自此时起。他不是一个提倡君臣仁义的儒者了，而是一个趋时的人物了。

相胜的五行说本来不是一种"显学"，在邹衍以前也许少有人鼓吹过，墨子就认为"五行毋常胜"，墨子说：

> 五行毋常胜，说在宜。（《墨子·经下》）

又《经说》云：

> 五合：水、土、火。火离然，水铄金，火多也。金靡炭，金多也。合之府水，木离木。

梁任公先生不以五行相克来解释，而谓"胜训贵，意谓此五种物质无常贵，但应宜应需则为贵"（《古史辨》第五册下，《阴阳五行说之来历》）。这种说法不能得到一般人的同意，栾调甫先生说"任公谓其非是（指胜训尅——作者），窃所未解"（《古史辨》第五册下，《梁任公五行说之商榷》）实有同感。栾先生又说墨子之意以为五行相遇固然不免相胜，但却不是一定不移的，因着种种机遇，且能生出变化来，大概是多方可以胜少，不是一定不变的常胜。这种见解实在是战国中叶以前的一种常识，《左传》内记载陈国灭亡的故事（见《左传》昭公八、九年），就是说陈水属而灭于鹑火之岁，杜预注以为是火胜而水衰的缘故。后来邹衍否定了"五行毋常胜"说，而强调了常胜说，用以说明历史的演变。《吕氏春秋·应同》篇遂详载其说道：

凡帝王者之将兴也，天必先见祥乎下民：

黄帝之时，天先见大螾大蝼。黄帝曰，"土气胜！"土气胜，故其色尚黄，其事则土。及禹之时，天先见草木秋冬不杀，禹曰，"木气胜！"木气胜，故其色尚青，其事则木。及汤之时，天先见金，刃生于水，汤曰，"金气胜！"金气胜，故其色尚白，其事则金。及文王之时，天先见火，赤乌衔丹书集于周社，文王曰，"火气胜！"火气胜，故其色尚赤，其事则火。

这当然是承袭了邹衍的学说，不过从黄帝到文王尽占了四德，在五德终始中还缺了一环，于是《应同》篇又说：

> 代火者必将水,天且先见水气胜,水气胜,故其色尚黑,其事则水。

因为秦此时尚未统一,所以尚无这种设施,后来秦始皇统一了,遂完成《应同》篇的第一次五德终始的循环。

宗教信仰和"上帝"观念的产生

随着社会的发展,在原始社会发展的一定阶段上产生了宗教;在阶级社会的初期,结合着社会上的"人王"出现,上帝的崇拜因之产生。正如马克思和恩格斯以前的杰出的唯物主义者已经认为:不是上帝创造人,而是人创造上帝。随着国家的产生及其强大,人们开始把神想象为高高在上的全能的东西了。(参考康士坦丁诺夫主编《历史唯物主义》,人民出版社版,第四六○至四七四页)

这"全能的上帝"既然随着人王的出现而出现,它始终是人王统治人民的有力工具,只有人王才特别和它接近,它是"天",而人王则是"天之子",中国古代的人称作"天子",充分说明了这种思想,也充分说明了"天"会是那一个阶级的有力工具。人王垄断了交通上帝的大权,人王是上帝与人间的媒介。在中国阶级社会的萌芽时代有许多传说可以证明这一事实。

中国自古以来有一种封禅的传说，这是远古的敬天礼仪，至少在春秋时代已经有许多人不明了它的意义了。《管子》中记齐桓公既霸，会诸侯于葵丘而欲行封禅的时候就弄不清楚，而《史记·封禅书》也说：

> 每世之隆，则封禅答焉，及衰而息，厥旷远者千有余载，近者数百载，故其仪阙然堙灭，其详不可得而记闻云。

这究竟是一种什么礼仪，它的真实意义是什么呢？

原来在中国阶级社会形成以前及阶级社会的萌芽时代，我们的祖先有一个时期是住在阜岸或丘陵上的，根据考古学上的考察，在中国西部，甘肃一带，当石铜器的过渡时代村落地址与现在大体相同，所异者为过渡时期之人民，多喜奠居于阶段悬壁之上，而现代之村落，则下迁于河成平原，这是黄河上游的情形。若黄河下游，则因河水泛滥，古代的人民也多居于陵阜之上，此种陵阜即名曰州，所以中国古代州字与丘、陵字全可以通用，如《山海经》内有九丘：

> 有九丘，以水络之。名曰：陶唐之丘、有叔得之丘、

> 孟盈之丘、昆吾之后、黑白之丘、赤望之丘、参卫之丘、武夫之丘、神民之丘。(《海内经》)

九丘的意义同于九州，或曰九山，如：

> 共工之臣曰相柳氏九首以食于九山。(《海外北经》)

而如幽州则或曰"幽陵"(《荀子·大昭》《史记·五帝本纪》)。《墨子》中有"古之民未知为宫室，时就陵阜而居"的记载(《辞过》)，《孟子》也有"是故得乎丘民而为天子"的话(《尽心》)，全可以说明中国古代有一个时期是居山的了。《尚书·尧典》说尧时水患是"怀山襄陵"，也说明当时的水患危及人们的居住区域了。

一般人们既然是依陵阜而居，统治者，那些骑在人们头上的人，越发得住在高的山上了，他们住在高的山上，作为人们的统治者，同时也作为上帝的苗裔及其代言人；他们把自己作为人与天之间的媒介物，这种媒介物的名称叫作"申"(神)。郭沫若先生释"申"说：

> 骨文作ح若ک，金文大抵如是，惟反书者甚少。……

惟申字在古有直用为神者，如克鼎之"顯孝于申"，杜伯盨之"言孝于皇申且考"，均系神字，殆假借也。又申有重义，……有伸义。……此于古文字形均未有说。

重义尤古，《诗》《书》中多用之。《皋陶谟》之"天其申命用休"，《史记·夏本纪》径作"重命用休"。此即非申之本义，相去必不甚远。

要之古十二辰第九位之申字乃象以一线联结二物之形，而古有重义。（《甲骨文研究·释支干》）

这是非常正确的解释。所谓"以一线联结二物"，是什么二物？我的意见，以为这不是指天和人而言，指"申"是一种媒介物而言。《尔雅·释诂》云"申，……重也"，正是指人民不能和上帝直接办交涉，必须经过"申"的一番手续而言。这一种信仰和制度，在《尚书·吕刑》中也可以找到说明：

上帝监民，罔有馨香德，刑发闻惟腥。皇帝哀矜庶戮之不辜，报虐以威，遏绝苗民，无世在下，乃命重黎绝地天通。

这一段记载和上下文结合在一起，很有些难懂的地方，但大体是说自从苗民做出暴虐的刑罚以后，是"刑发闻惟腥"的，上帝很可怜这一些受罪的人，乃断绝了地天的交通，省得苗民又向上天来说话了。这里面最应当注意的是"绝地天通"，可见当此以前，天地是自由交通的，此后中间添了一层障碍。关于这种变化，两千年前的楚昭王已经不清楚了，所以他问道：

> 《周书》所谓"重黎实使天地不通"者，何也？若无然，民将能登天乎？（《国语·楚语》）

当时的观射父曾详细地解释道：

> 及少暤之衰也，九黎乱德，民神杂糅，不可方物。夫人作享，家为巫史，无有要质。民匮于祀而不知其福。烝享无度，民神同位。民渎齐盟，无有严威。神狎民则不蠲其为。嘉生不降，无物以享。祸灾荐臻，莫尽其气。颛顼受之，乃命南正重司天以属神，命火正黎司地以属民，使复旧常，无相侵渎，是谓重黎绝地天通。其后，三苗复九黎之德，尧复育重黎之后，不忘旧者，使复典之，以至于夏商；故重黎氏世叙天地而别其分主者也。（《国语·楚语》）

我们虽然不能完全明了他的意思，但可以知道是说在九黎乱德以后，人人做起神的职分来，分不清楚谁是神谁是人了，这样"民神同位"的结果，老天也觉得麻烦，于是派下重和黎来，使重管神的事，黎管人的事；那就是说，人向天有什么请求向黎去说，黎再通过重向天请求，这样是巫的职责专业化，此后平民再不能直接和上帝交通，王也不兼神的职务了。重和黎实巫之始祖。巫既然是代表人民向上天祈福，必须长术舞蹈以事天神，故《说文》云，"巫，女能事无形，以舞降神者也"。巫当然不仅是女人，而舞的确是巫的专长，在甲骨文中"无"（舞）字本来就是巫，也正是一种舞蹈的姿态——𣡳（《殷虚文字甲编》，第七五页，九六九·三·〇·〇〇六二），𣡳（同上书，第二八五页，一一七九·三·〇·〇五一七）。史出于巫，所以太史公司马迁自叙上及重黎。

关于"神"的原始意义，春秋末年的孔子虽略知其义，但也不甚清楚了，如大禹会于会稽的故事，《韩非子》记载是：

> 禹朝诸侯之君会稽之上，防风之君后至，而禹斩之。（《饰邪》）

上文中的"诸侯之君"《国语·鲁语》作"群神",原文是:

> 吴伐越,堕会稽,获骨焉,节专车。吴子使来好聘,且问之仲尼,曰:"无以吾命。"宾发币于大夫,及仲尼,仲尼爵之,既彻俎而宴,客执骨而问曰:"敢问骨何为大?"仲尼曰:"丘闻之:昔禹致群神于会稽之山,防风氏后至,禹杀而戮之,其骨节专车,此为大矣!"客曰:"敢问谁守为神?"仲尼曰:"山川之灵,足以纪网天下者,其守为神;社稷之守者为公侯,皆属于王者。"客曰:"防风何守也?"仲尼曰:"汪芒氏之君也,守封嵎之山者也,为漆姓。"

因为孔子说"禹致群神于会稽之山",而吴使不晓得什么是神;孔子答道:"山川之灵,足以纪网天下者,其守为神。"他以主山川之灵的为神,守土者为公侯。韦昭《国语注》:"群神谓主山川之君为群神之主,故谓之神也。"这全是说明古代有一种诸侯被称作神。后来章太炎先生因之而分古代诸侯有神守之国与守社稷之国,他说:

> 《鲁语》曰:山川之灵,足以纪纲天下者,其守为神,

社稷之守者为公侯,皆属于王者。昔禹致群神于会稽之山,防风氏后至,禹杀而戮之,其骨节专车。防风汪芒氏之君,守封嵎之山者也,于周亦有任宿须勾颛臾实祀有济,盖佀诸侯类此者众,不守社稷,而亦不设兵卫。……故知神国无兵,而阜牢亦不选具。封嵎小山也,禹时尚有守者,然名川三百,合以群望,周之守者亦多矣,《春秋》所见财一百四十余国,自幽平以上灭宗黜地者虽时有,虑不过十去二三,非十三而亡十二也。以神守之国,营于禨祥,不务农战,亦尠与公侯好聘,故方策不能具,及其见并,盖亦摧枯拉朽之势已!(《文录》一,《封建考》)

太炎先生以为古代小诸侯,多神守之国,不设兵卫,在周代任、宿、颛臾等国尚是神守之国,名山大川,所在多有,所以周时神国应当不少,但因不与于诸侯之好聘,灭亡也就不布于方策。依我们的观察,古代,在阶级社会的初期,统治者居山,作为天人的媒介,全是"神"国,国王们断绝了天人的交通,垄断了交通上帝的大权,他就是神,没有不是神的国王。

以上我们曾经说过,国王因为是天人的媒介,住在山上,这在许多典籍上可以找到证据,如《书·尧典》说帝尧曾经把舜:

纳于大麓，烈风雷雨弗迷。

这曾引起许多人的迷惑，也是今古文讲解不一致的两句话。太史公说大麓为山林川泽，高诱注《淮南子·泰族训》云："尧使舜入林麓之中，遭大风雨不迷也。"《论衡·乱龙》篇也说："舜以圣德，入大麓之野，虎狼不犯，虫蛇不害。"这全是本于孔安国的古文。郑玄注《尚书大传·唐传》说："尧推尊舜而尚之，属诸侯焉，纳之大麓之野，烈风雷雨不迷。"等句云"山足曰麓，麓者录也。古者天子命大事，命诸侯，则为坛国之外，尧聚诸侯，命舜陟位居摄，致天下之事，使大录之"。又《新论》有"昔尧试于大麓者，领录天子事，如今尚书官矣"。又《论衡·正说》篇云："《尚书》曰：……'四门穆穆，入于大麓，烈风雷雨不迷。'言大麓三公之位也，居一公之位，大总录二公之事，众多并吉，若疾风大雨。"这全是本于夏侯欧阳的今文说。依古文家的说法，国王要试一个人的本领，为什么放到山里去？依今文家的说法，"大录"为什么叫作"大麓"？章太炎先生调和今古文的说法，以为今古文说虽有不同，而宰相地位的由来可以大麓的含义来说明，在汉代光禄勋掌宫殿门户，"勋者阍也"，而"光录"的字义又同于"衡鹿"，大麓在山名和禁苑相同，掌之者是人主腹心，汉

宗教信仰和"上帝"观念的产生 / 041

朝为天子守门的犹称光禄,这是很明白的证据。(《检论》七《官统》下)这样来解释是比较通顺。因为国王居山,他请来的人当然要放在山麓,《商书·盘庚》也说:"古我先王适于山。"也说明古代国王之居于山。

国王居山而作为天人的媒介,当他与天交通的时候,有种礼仪,其中重要的是所谓封禅;相传古代帝王多行封禅,管仲对齐桓公的话道:

> 古者封泰山禅梁父者七十二家,而夷吾所记者十有二焉。昔无怀氏封泰山,禅云云;虙牺封泰山,禅云云;神农封泰山,禅云云;炎帝封泰山,禅云云;黄帝封泰山,禅亭亭;颛顼封泰山,禅云云;帝喾封泰山,禅云云;尧封泰山,禅云云;舜封泰山,禅云云;禹封泰山,禅会稽;汤封泰山,禅云云;周成王封泰山,禅社首;皆受命然后得封禅。(《史记·封禅书》)

我们不必追究这七十二代的历史真实性,但足以说明中国古代帝王多有封禅的传说。封和禅是两件事,封是四周的封疆,禅是筑坛以祭天。《荀子·正论》杨倞注云,"坛与禅同,墠亦同义。"正好说明禅的原义。封禅既然是祭天大典为什么又一定在泰山？章太炎先生有说曰：

> 封禅七十二家，以无怀为最近，当是时也，天造草昧，榛薄四塞，雄虺长蝮尽为烝民害，人主方教民佃渔，以避蜚征之螫。毒虫渐夷，荤鬻东胡跨马之寇，又时时盗边围，始作弹丸，以御不庭；此其所以封禅者，必有职矣。古之华夏，河流分其中央，以岱为齐，转东薄海，则蟠木嵎夷所来宾；东北营州以外，肃慎守徼，自大白渡海，输络东齐，南起为岱宗，朝会所均，屏侯所及，帝王治神州，以是集瑞，涣其号令，而征戍卒填之，因以设险守固。其封大山者，于《周礼》则讲封之典也，因大麓之阻，垒土为高，以限戎马，其制此于蒙古之鄂博，是故封禅为武事，不为文事。（《检论》六《原教》）

太炎先生认为泰山是中国古代政治中心，为防戎马的侵扰，故设险守固，"因大麓之阻，累土为高"比于蒙古的鄂博，所以封禅是武备，不是文事。这种论调虽然还值得商榷，但泰山一带是古代中国的政治和文化中心，夷夏部族皆不远于此。近来徐中舒先生在《试论周代田制及其社会性质》一文（《四川大学学报》第二期）中也说泰山一带是中国古代文化的摇篮，他说：

> 《左传》载少皞之虚在穷桑（山东曲阜），大皞之虚在陈（河南淮阳），这就是龙山文化的摇篮及其延展区。黑陶、拍纹黑陶，可能就是少皞氏、大皞氏的遗物。……继大皞少皞之后的有穷后羿以善射著称，这也与龙山遗物中发现矢镞最多的条件相合，而低地的开发，最初也只为邻近泰山区高地部族的猎场，由各个氏族公社分割为许多方形囿。

这种以泰山一带地区为中国古代文化摇篮的说法，是完全可以同意的，泰山之所以为古代宗教上的"圣地"，其原因不外乎此。

封禅本来是古代大事，后来农业发达，人民不居于山，国王也不必在山上实行封禅，但在中国封建社会的隆盛时期，仍然是旷代大典，许多懂得古代礼仪的人是愿意躬逢其盛的，老太史公临死时对他的儿子司马迁哭泣道：

> 今天子接千岁之统，封泰山，而余不得从行，是命也夫，命也夫！（《史记·太史公自序》）

这是多么悲哀的情调啊！也可见封禅一事在他们心目中的地位。

以上主要是根据传说来推论中国古代的宗教迷信，在殷商已经有了甲骨文的记载以后，我们所推论的史实，大部分仍然可以看到。这时，上帝的威权在统治阶级中更是被普遍的肯定，它是管理自然与下国的主宰，它可以"令雨""令风""降堇""降祸"；对于国家大事它有"允诺"之权，而上帝"受又"更是人王所希冀的事。而封禅大礼在当时也并没有忘掉，甲骨文中有：

> 贞勿秦（❉）年于邦（ᴗ）0（土）。（《殷虚书契前编》，第四卷，第一七页）

最先注意这条记载的还是王国维，他说"土"假借为"社"，《诗·大邪》"乃立冢土"，传云"冢土，大社也"，是好的说明，邦土就是邦社，也就是祭法中的国社。"邦"与"封"在古代又是一字，而"社""禅"也是在形音义三方面全可以相通的，所以"邦社"实即封禅，而土（社）字也正象圜丘之祭，后来因为农业发达，封禅大典的含义也演变为祭天祭地的两歧。

殷商也崇拜他们的祖先，祖先的地位和权威有时同于上帝，卜辞中多有对于他们的祭祀和祈求，如云：

> 戊午卜㝎贞酒求年于岳〽彔。（《通纂·食货》四五八片）

岳、〽和彔是殷代的三个祖先，虽然这究竟是哪三个人还有不同的意见。丁山以第一字为岳，罗振玉以为羔，杨树达以为即嵒字，这是正确的，过去王国维以第三字为夋，而解释为嚳，周折颇多。嚳是甲骨文中的重要人物，如果说他是《山海经》中的帝俊，那么其地位就和上帝相当。〽有人释作河，也可能是汲，同样是显赫的人物，他可以令雨，可以降"若"，如：

> 羽甲戌〽其令雨。羽甲戌〽不令雨。（《殷虚文字乙》三一二一）
> 王萑〽若。（《甲骨文录》三六六）

虽然殷商的祖先有许多威权，但是否和上帝同位，还是没法证实的问题。根据《盘庚》记载，殷商祖先在天上有崇高的地位，他们生时的臣民仍然在天上侍奉他们，看《盘庚》的话道：

> 我们的先王既经任用了你们的先祖先父，你们当然都

是我所畜养的臣民。倘使你们心中存了毒害的念头，我们的先王一定会知道，他便要撤除你们的先祖先父在上天侍奉先王的职役；你们的先祖先父受了你们的牵累，就要弃绝你们，不救你们的死罪了。如果你们在位的官吏之中有了乱政的人贪着财货，不顾大局，你们的先祖先父就要竭力去请求我们的先王，说道，"快些定了严厉的刑罚给与我们的子孙罢！"（《古史辨》第二册上，《盘庚中篇今译》）

享尽了人间福禄的人，在天上又作威作福去了，但他们是否就是上帝，还没法明确下来。

到了西周，当他们已经建立新的王朝以后，祖先崇拜与上帝崇拜之间遂有了妥善安排，而有所谓"以祖配天"说，中国古经籍中多见这种记载：

> 雷出地奋豫，先王以作乐崇德，殷荐之上帝，以配祖考。（《易·豫象》）
> 思文后稷，克配彼天。（《诗·周颂·思文》）
> 乃设丘兆于南郊，以上帝配□后稷。（《逸周书·作雒解》）

《孝经》所谓"孝莫大于严父,严父莫大于配天,则周公其人也。昔者周公郊祀后稷以配天,宗祀文王于明堂以配上帝"(《圣治章》第九),正好解释了这种事实。这虽然不一定创自周公,但始于宗周是没有问题的。他们为什么使自己的祖先低于上帝一等?是他们认为自己的始祖出自上帝,《诗·大雅·生民》说:

> 厥初生民,时维姜嫄。生民如何?克禋克祀,以弗无子,履帝武敏歆,攸介攸止,载震载夙,载生载育,时维后稷。

又《鲁颂·闷宫》也说:

> 赫赫姜嫄,其德不回,上帝是依,无灾无害,弥月不迟,是生后稷。

同是母系氏族社会的传说,在殷商传说他们的祖先是吞鸟卵而生,在宗周则说成是上帝的子孙,既然是上帝的子孙,当然只能配天而其本身不就是天,这一种宗教观念是宗周到春秋时代人的普遍信仰,如《左传》文公二年有云:

> 礼无不顺。祀，国之大事也，而逆之，可谓礼乎？子虽齐圣，不先父食久矣。故禹不先鲧，汤不先契，文武不先不窋。宋祖帝乙，郑祖厉王，犹上祖也。是以《鲁颂》曰："春秋匪解，享祀不忒。皇皇后帝，皇祖后稷。"君子曰："礼，谓其后稷亲而先帝也"。

他们有一种原则，在祭祀中"子虽齐圣，不先父食"，所以也不能先于上帝而只能配食。此后郊庙之礼截然分开，溯其源当自西周起。

宗周时代的道德学说与政治思想

宗周灭了殷商以后,如何来管理这广大的殷民,如何巩固这统治的基础,是统治阶级中间的严重问题。除了在政治上他们有一系列的办法外,在思想上,他们对于天命的问题,对于上帝的崇拜也有了他们自己的主张。殷商是一个建立已久的奴隶制王国,国王是接近上帝的人,而且他们的祖先也有无上威权,如今这一个王国灭亡了,上帝是否还在保护他们,还站在他们那一边?如果是这样的话,宗周的运命会不会久长?他们的统治基础能不能稳定呢?被统治者有这样的想法,统治者的思想更是围绕着这一问题而喋喋不休。

首先他们(统治者)肯定上帝是保护他们的,站在他们这一边,《周书·大诰》说:

> 天休于宁王,兴我小邦周。

"宁王"指文王言,这是说上帝赞美文王,周虽然是小邦也兴盛起来。一个新兴起来的王朝,也是一个新受"命"的王朝,所以《诗·大雅·文王》说:

> 文王在上,於昭于天;周虽旧邦,其命维新。

这样,宗周的统治者把殷商的上帝继承过来,为他们服务。但这里面也存在着问题,一个长时期作为殷代帝王的保护者为什么可以"兴我小邦周"?是不是上帝有时会改变他们的眷顾呢?在宗周之初他们肯定了这种意见,于是有"天命靡常"的说法提出。《诗·大雅·文王》说:

> 商之孙子,其丽不亿。上帝既命,侯于周服。侯服于周,天命靡常。

这是说殷商子孙,臣服于周,可见天命是无常的。《周书·康诰》也说"惟命不于常"。因为"天命无常",所以天也是不可信赖的,《周书》中多有这样的记载:

> 天棐忱,尔时罔敢易法。(《周书·大诰》)

> 天畏棐忱，民情大可见，小人难保。(《周书·康诰》)
> 天不可信。(《周书·君奭》)

这种一方面既然肯定上帝的威权和地位，同时也提出"天命靡常"不可以完全信赖的说法，在表面上看好像矛盾，其实这种思想还是前后一致的。因为要利用上帝，也就把它塑造为有利于自己的性格。

他们不是在怀疑天，也不是有意在动摇它的地位，只是在改变它的性格，以便于有效利用它。随着统治基础的稳定，"天"（上帝）的地位也越发稳定起来，周王虽然没有把他们的祖先当作上帝，但在宗周初期稍后，他们却说自己是天之子，于是周王而有"天子"的称呼。有人在这方面曾经叙说道：

> 由天之观念的发生，而有"天命""天子"，它们之兴起约在西周初期稍晚时。西周初期金文，多称王而没有"天子""天令"，"帝"还存在。西周初期稍晚，才有了"天令"即"天命"，"王"与"天子"并称。大盂鼎"丕显文王受天有（佑）大命，……故天临翼子，法保先王，……畏天畏……盂用对扬王休"。此器作于"隹王廿又三祀"，

约为康王廿三年。此虽仍称王，但已有了天子的观念，已有天佑之大命和畏天威的观念。班毁和井侯毁、麦尊、献彝大约都是这时期的铜器。前一器也有"亡不咸敚天威，……彝悉天令"之语，而后三器"天子"与"王"并存。井侯毁一方面有了"天子"的称谓，一方面保存着"帝令"的旧说。西周中期以后，金文的"扬天子休"已极普遍，代替了早期的"扬王休"。（《殷虚卜辞综述》第五八一页）

这一段的记载有两点值得注意的地方：第一，他说西周初期稍晚已经有"天子"的称呼；第二，这时又肯定了天威（畏）是可畏的，这和天威不可信赖的说法已有不同。统而言之，"天"的地位越来越肯定，周王和天的关系也越来越密切了。

在初期，当周人在鼓吹着"天不可信""天命靡常"的时候，也并没有否认他们之获得"天命"；他们以什么条件获得的呢？重要的是他们提出"德"字来，《诗·大雅·大明》谈到西周的发展以及受命的时候，首先提到"德"字说：

> 维此文王，小心翼翼，昭事上帝，聿怀多福，厥德不回，以受方国。

此外在《周书》中还有许多类此思想，如云：

> 天不可信，我道惟宁王德延。（《周书·君奭》）
> 文王克明德慎罚，不敢侮鳏寡，庸庸祗祗，威威显民，用肇造我区夏。（《周书·康诰》）
> 告女德之说于罚之行。（同上）
> 肆王惟德用和怿先后迷民，用怿先王受命。（《周书·梓材》）
> 王其急敬德。王其德之用祈天永命。（《周书·召诰》）

这是非常值得注意的问题，郭沫若先生曾经说明道："这种敬德的思想，在周初的几篇文章中，就像同一个母题的叠奏曲一样，翻来覆去地重复着。这的确是周人所独有的思想。在《商书》的《高宗肜日》中虽然也有这样同样的思想，但那篇文章在上面说过是很可疑的。还有一个主要的旁证，便是在卜辞和殷人的彝铭中没有'德'字，而在周代的彝铭中如成王时的班毁和康王时的大盂鼎都明白地有'德'字表现着。"（《先秦天道观之进展》）

这在中国思想史的研究上的确是一个发现，"德"字在西周是一个新字，它所代表的意义是一种新的思想意识，这是新基础的反映。在宗周的社会内农奴和农奴主是基本阶级，这时的农奴和殷商的奴隶来比，虽然他们使用的生产工具还没有多少改进，但他们一来人身获得部分解放，二来有了自己的生产工具，在领主那里领得一小块土地，在这一小块土地上用自己的劳力取得养活他们自己和其家属的生活资料。这些农民的生活还是痛苦的，他们对于封建贵族是痛恨的，《诗经》和其他周代典籍中的"君子"和"小人""民""氓"正是对立的阶级，君子的生活是既有旨酒，又有佳殽，既有狐裘，又有车马；甚至于由"小人"们所修的大道，也是"君子所履，小人所视"。一个是不劳而获的阶级，一个是劳而所获甚少的阶级，因此封建社会的历史必然是被剥削者反对剥削者，农奴反对封建主的历史。一切国家的被压迫农民都为夺取那封建主所强占的土地，为摆脱农奴制的依附关系而斗争。在封建主来说，如何对付农奴，如何使农奴屈服于他们的统治，是他们最为关心的。《周书》中的《康诰》就是周公诰诫康叔如何治理殷民的问题，其中屡次说：

> 天畏棐忱，民情大可见，小人难保，往尽乃心，无康好逸豫，乃其乂民。
>
> 已！汝惟小子，乃服惟弘王，应保殷民，亦惟助王，

宅天命,作新民。

若保赤子,惟民其康乂。

统治者如果掌握住这些"新民",对于上帝来说,就足以说明他们有德,也足以说明他们之受有天命。所以他们说:

殷之未丧师,克配上帝。(《诗·大雅·文王》)

当殷商还有他们的群众时,他们是可以接近上帝的;否则是没有这种资格了。可见有否人民,对于上帝来说,是说明有德与否的证明。以"小邦周"灭了"大邑商"以后,如何来治理这广大的殷民,的确是一个大问题,压迫奴隶,只是用刑,这在甲骨文中可以看得出来;管理农奴,不能完全用刑,因为他们有了自己的生产工具,领有小块的自耕土地,因之也有了部分解放了的身体,再像牛马一样来对待是行不通的。社会基础变了,也必须有新的办法来适应这新的形态,这新的办法也一定积极为它的基础服务的。"德"对于人民来说,也就是统治阶级在"刑"以外的一个新办法。周人尚"德"的主要意图是用来"和民","和民"而后,就可以证明他们是受命于天了。

"德"也不仅是"心思端正"的一个空洞口号,它有着物质的内容，在某些点来说，它相当于后来"赏"字的另一种提法。"刑赏"是先秦法家的二柄，在西周以至春秋时代，这二柄应是"刑德"，所以《周书·康诰》说：

> 告汝德之说于罚之行。

宗周的统治者既然以有德说明他们之获得天命，因而肯定上帝的地位，但等政治不上轨道，被压迫的人民起而暴动的时候，这时的周天子不能说是有德，于是上帝权威也随之动摇，宗周中叶以后厉王时的诗，发现不满上帝的言辞了，如：

> 上帝板板，下民卒瘅。出话不然，为犹不远。……
> 天之方难，无然宪宪；天之方蹶，无然泄泄。……
> 天之方虐，无然谑谑。……天之方懠，无为夸毗。(《诗·大雅·板》)
> 荡荡上帝，下民之辟。疾威上帝，其命多辟。天生烝民，其命匪谌。(《诗·大雅·荡》)
> 天降丧乱，灭我立王。(《诗·大雅·桑柔》)

如果说这些诗句还不是站在民众的立场上怨天，而是站在王室

的立场怨天的,他们是怨天不做主宰,使下民暴动了起来。那么,到幽王时代,立场比这更坚定的、咒骂上帝的言辞也出现了,如:

瞻卬昊天,则不我惠;孔填不宁,降此大厉。(《诗·大雅·瞻卬》)
旻天疾威,天笃降丧,瘨我饥馑,民卒流亡。……天降罪罟,蟊贼内讧。(《诗·大雅·召旻》)

这种上帝的权威随着人民的生活和政治情况而有增减,是春秋以后各派思想中泛神论的先声。如果说"德"是贵族阶级敬天和民的一种手段,那么礼就是维持贵族阶级秩序、维护贵族尊严的一种措施了。宗周的贵族间讲礼,殷商没落的贵族也是最懂礼的人,这样所谓殷士也就变成宗周统治阶级的帮闲和点缀,他们和农奴不同,他们可以不从事于体力劳动,但还保有自己的田宅,《周书·多士》篇说:

今尔惟时宅尔邑,继而居。

殷士们的职业又是什么呢?《诗·大雅·文王》说:

殷士肤敏，裸将于京，厥作裸将，常服黼冔。

他们在王朝的大祭礼时，穿戴着殷人的黼冔，捧着旨酒，替主人送酒灌尸，完全是一种相礼的生活了。这一种相礼的职业，后来为儒家继承下来。他们必须依傍贵族，因而他们遭受轻视。但他们有不同于农奴的地位，他们可以"恃人之野以为尊"，他们有自己的专长——相礼。孔子自称殷人，也曾经为人相礼，他的弟子也曾经执行相礼的职业。周朝的统治者对于殷士的要求是"奔走臣我多逊"，这种目的达到了，殷士们屈服了。

宗周时代讲德尚礼的事实，虽然是时代的反映，也是和周公的提倡分不开的，在中国古代思想史上我们不能不提到周公。他是文王的儿子，武王的弟弟，因为采邑在周，称为周公。郭沫若先生对于周公在中国历史上所发生的作用曾经有过充分的估计。他说周初以天道为愚民的政策，以德政为操持这政策的机柄，这的确是周人所发明出来的新的思想。发明了这个思想的人，在《周书》中表示得很明白，便是周公。因为《周书》中有关天道的若干篇，大都是周公的话，其中流露的思想，不能不说是周公的思想。除开《周书》而外，也还在《诗·大雅》里看到周公的思想，像《文王之什》里的一些篇章。

虽然在周初还没有发现"礼"字,春秋时代的人已经传说周公制礼,《左传》文公十八年说:

> 先君周公制《周礼》曰:则以观德,德以处事,事以度功,功以食民。

又《尚书大传》也说:

> 周公摄政六年,制礼作乐。

那么"制礼作乐"的具体内容又是什么呢?《吕氏春秋·古乐》篇说:"周公旦乃作《诗》曰,'文王在上,於昭于天'。……武王即位,……乃命周公作《大武》。"这是说《大雅·文王之什》和《周颂·臣工》是周公的作品。礼又是什么呢?今传《周礼》一书,不可能是周公的著作,但这部书的内容有着宗周的历史实际和西周统治阶级思想的影响是不可否认的。我们分析《周礼》可以帮助我们了解周公,更可以了解宗周到春秋时代属于统治阶级的政治思想的主流。

首先《周礼》中所描绘的社会已经不是奴隶占有制,这时虽然有奴隶而不是奴隶社会,从事于主要生产的是一种农民,在《周礼》中叫作"甿"。《周礼·地官·遂人》篇说"以田里安甿,……以土宜教甿稼穑,以兴锄利甿",是很明显的住在田野的人而从事于农耕。新来的农民按着土地的等级授给他,可以免去征役,《地官·旅师》说:"凡新甿之治皆听之,使无征役,以地之媺恶为之等。""甿"和"氓"可以通用,《说文》田部云:"甿,田民也",正是农民的适当解释。他们或被称作"野民",除了耕田以外,还要担任许多徭役。这些农民虽然耕田而没有自己的土地,要领主们来授给他,所以他们的地位也就同于农奴了。在《大司徒》《小司徒》《遂人》及《大司马》等处有关于田制的记载;根据《大司徒》的规定,地有不易、一易、再易的分别;据《遂人》的规定,田有上、中、下和莱的差异。所谓"不易",就是年年耕种而地力不衰,等于上地;"一易"是一年耕种,一年休息,等于中地;"再易"是二年休息,一年耕种,等于下地。"莱"据郑注是"休不耕者"。两种记载比较虽然有些差异,但是可以讲得通的,因为《大司徒》说的是都鄙制度,而《遂人》说的是六遂的制度。

根据《周礼》中的经济制度而言,这是中国的领主封建制,或者我们把它叫作"宗法封建制",国王是名义上和实际上的土地所有者,他有着统一和集权的物质基础,所以《周礼》中的国王具有无上的威权,虽然在九服以内分布着许多大小不同的诸侯,然而这些诸侯在周王的统辖之下,他人不是独立的封国,一切生杀予夺的大权全操在周王的手里,《天官·大宰》说:

> 以八柄诏王驭群臣:一曰爵,以驭其贵;二曰禄,以驭其富;三曰予,以驭其幸;四曰置,以驭其行;五曰生,以驭其福;六曰夺,以驭其贫;七曰废,以驭其罪;八曰诛,以驭其过。

以上所谓"驭群臣",不仅指王朝的群臣说,诸侯及诸侯国的卿大夫也包括在内。一方面周王有授爵封侯的大权,另一方面也有剥夺诛杀的大权。八柄中的前五项是肯定的一面,后三项是否定的一面;前五项也正是宗周统治者之所谓"德"的一面,后三项就是"罚"的一面,也就等于法家的赏罚二柄。《韩非子》的《二柄》篇说:"今人主非使赏罚之威利出于己也,听其臣而行其赏罚,则一国之人皆畏其臣而易其君,归其臣而去其君矣。"《周礼》的"八柄"就是《韩非子·二柄》篇的"二柄",也就是《管子》中的"六秉",可见"六秉"就是"六柄",《国语·齐语》载这段话就是"六柄",从管仲以后的法家一直到李斯,全有这样主张,他们鼓吹中央集权,鼓吹君主专制,而中央集权的君主专制国家也就不容许有许多独立的侯国存在;这也是先秦时代大一统思想的来源之一。

《周礼》的作者因为主张有一个强有力的中央,而中央君主可以掌握赏罚的大权,所以在《秋官·司寇》中表现的是一个严刑峻法的国家。那些法律条文,没有一一举出来的必要,我们只是要说出它的几个重点来。每一,每年正月大司寇要颁刑法于天下,《秋官·大司寇》原文说:

> 正月之吉,始和,布刑于邦国都鄙,乃县刑象之法于象魏,使万民观刑象,挟日而敛之。

这不是一件平常的事,在春秋晚年真正在公布刑法的时候,还曾经引起波澜。这是一种新的思潮,在公布法以前,实在谈不到法。所谓"礼仪三百,威仪三千"(《中庸》),礼仪是指着礼说,威仪是指着刑法说,还看出礼和法的一源双流,而《吕刑》说"五刑之属三千"正好和"威仪"相当。《周礼·司刑》掌五刑之法二千五百是,"墨罪五百,劓罪五百,宫罪五百，刖罪五百，杀罪五百"。依《汉书·刑法志》的说法，五刑二千五百为中典，《吕刑》五刑三千为重典。《周礼》的作者是一个严刑峻法的主张者，解释《周礼》五刑为中典，实在有些牵强。《周礼·大司寇》曾主张"刑乱国有重典"。所谓"轻""中""重"三典，实指运用说，不是指三种不同的刑法。

此外，由《周礼》的刑法中可以看出当时的主要矛盾所在，为了防止农民暴动，规订出许多特殊条文，如《周礼·秋官》中禁暴氏掌：

> 禁庶民之乱暴力正者，挢诬犯禁者，作言语而不信者，以告而诛之。

所谓"乱暴力正，挢诬犯禁"，是对统治阶级不利的举动，全会被诛的。农民暴动，的确是领主阶级的心腹之患，要时常加以防备，《地官·族师》道：

> 五家为比，十家为联；五人为伍，十人为联；四闾为族，八闾为联；使之相保相受，刑罚庆赏，相及相共，以受邦职，以役国事，以相葬埋。

这是严格的农民监视制度,《管子·立政》篇有云:"十家为什,五家为伍,罚有罪不独有,赏有功不专与",和《周礼》的意义相同,同一编户的人员,要彼此共同负责,可赏可罚的举动,要大家有份。又《禁藏》篇云:"辅之以什,司之以伍,伍无非其人,人无非其里,里无非其家,故奔亡者无所匿,迁徙者无所容。"这更表现出中国古代专制主义的特色。把农民严密地组织起来,互相监视,他们被束缚于乡里土地,逃亡无所,这是领主阶级对于农民严厉的统治,当然这也是根据旧有的社会组织改编的。同时我们知道,防备农民是封建时代政治思想的特点。表现在当时法律面前,领主贵族和农民也是不平等的,《秋官·小司寇》说:

> 凡命夫、命妇不躬坐狱讼。

"命夫、命妇"全是贵族,他们可以不受法律的制裁。《秋官·小司寇》又说:

> 以八辟丽邦法,附刑罚。一曰议亲之辟,二曰议故之辟,三曰议贤之辟,四曰议能之辟,五曰议功之辟,六曰议贵之辟,七曰议勤之辟,八曰议宾之辟。

对于这八种特殊人物，全有包庇的办法。所谓"亲""故""贵""宾"，全是贵族，其余"贤""能""功""勤"也是属于贵族阶级的；庶人的"贤、能、功、勤"云云，是很少被人重视的。领主们很少有受刑罚的可能，所以说"刑不上大夫"。《周礼》的作者虽然在努力维持着阶级秩序，然而在旧的秩序中有了破绽，由贵族降为奴隶的已经不稀罕了，《周礼》的作者也没法抹杀这种事实，于是他空想出一条不合实际的条例：

凡有爵者，……不为奴。（《秋官·司厉》）

这能够有效吗？不能的。于是对于破坏秩序处以极刑，这类条文是随处可见的。

《周礼》中所表现的宗教信仰，也可以说明宗周天道观在统治阶级内部的发展情况。前边我们曾经谈到宗周有"以祖配天"说，说明从西周初年起已经把祖先崇拜和上帝崇拜分开，这样就给增加上帝的思想开辟了出路，因为祖先是没法任意增加的。在《周礼》中有着五帝的存在；上帝是原来的，五帝是后来加的。这五帝和原来上帝的关系如何？他们是否也是上帝？上帝究竟有几？是一？是五？是六？曾经引起王肃对于郑玄的争辩。这永远也辩论不出结果来，因为这是毫无依据的事，不过是宗派之争罢了。

《周礼》中记载五帝的祭祀共有九处：一、《天官·大宰》，二、《天官·掌次》，三、《地官·大司徒》，四、《地官·充人》，五、《春官·小宗伯》，六、《春官·司服》，七、《秋官·大司寇》，八、《秋官·小司寇》，九、《秋官·士师》。近代有些学者以为祀五帝的典礼兴于秦，因而说《周礼》的著作年代在秦以后，这是很机械的说法。我们以为五帝的祭祀和五行的学说也有关联，这是把唯物的五行说逐步唯心化了的结果。有人以为先有了祭祀五帝的事实，才能够见之于典籍，也是片面的说法。如果说秦祀四帝是五帝的起源，那么秦的四帝又是从哪儿来的？是秦的土著？先秦祀典，或者是周礼中的祀典，许多是古代留传下来的自然崇拜和迷信，如《春官·大宗伯》说：

> 以青圭礼东方，以赤璋礼南方，以白琥礼西方，以玄璜礼北方。

这是较为原始的自然崇拜，也是相生的五行说，也就是五方帝的起源。五帝的祭祀既然是由五方的崇拜演变而来，所以祀五帝于四郊是当然的结果。《周礼·春官·小宗伯》说："兆五帝于四郊。""四郊"是都城的东西南北郊而言，和《吕氏春秋》的东郊迎春、南郊迎夏、西郊迎秋、北郊迎冬的说法相似，全是和五行说分不开的。《周礼》中除了五帝祀典而外，还有"昊天上帝"的祀典，或简称曰"天"，曰"上帝"，《春官·大宗伯》说：

> 以禋祀祀昊天上帝。

又《春官·司服》说：

> 祀昊天上帝则服大裘而冕，祀五帝亦如之。

可以知道祀昊天上帝之礼和五帝礼相同，这是调停两种祀典还没有整理出来新的系统的结果。到秦汉以后这两种礼仪分出高下来了。由此也可以说明《周礼》的相对年代。

五帝说是和五行说分不开的，《周礼》中也存在着五行说，比如《天官·疾医》有云：

> 以五味五谷五药养其病，以五气五声五色眡其死生。

后来的注疏即完全以五行学说来解释,如贾公彦的《正义》说:

> 病由气胜负而生者,谓五行之气,相胜则为病,即五行传五诊之义。

又云:

> 案月令,春祭先脾,夏祭先肺,中央土祭先心,秋祭先肝,冬祭先肾。

这种解释是否合乎《周礼》原义?当然有问题,因为早期的五行说还没有这样完备的系统,但《周礼》这一段话内不能说有五行说的意味。我们通盘检查《周礼》中的五行学说,实在近于《管子》而稍前。

《周礼》是一部包罗万象的法典,有些近乎杂家,它有着五行学说,也有法家气息,而一般法家是不谈五行的。在前节中我们已经谈到《周礼》中的严刑峻法,在《周礼·天官》《地官》《夏官》《秋官》内屡次看到关于法的分布,不同的机关在正月各自宣布不同的法令。虽然《周礼》中有浓厚的法家思想,儒家思想也随时流露出来,如《地官·大司徒》说:

> 以乡三物教万民而宾兴之。一曰六德：智仁圣义忠和。二曰六行：孝友睦姻任恤。三曰六艺：礼乐射御书数。

此所谓"乡三物"几乎全是《儒家》的道德思想。

《周礼》所表现的思想体系接近于前期法家和儒家，儒家和法家本来是源远流长的，我们说《周礼》有着两家的思想体系不是说《周礼》的成书在这两派的学说接合以后，而是说儒法两家的思想原来都属于统治阶级的上层建筑，他们本来是为统治阶级服务的，表现在《周礼》中他们是以正统派的面貌出现。

儒家与经学

第一节 孔子的思想及其学派

一、孔子的身世

孔子姓孔名丘字仲尼,生于周灵王二十一年(公元前五五一年),死于周敬王四十一年(公元前四七九年)。(关于孔子生年尚有异说,今采《史记》说;卒年本无异说,但《左传》杜注始有不同意见,今仍依《春秋》说。)他的祖先系宋国的贵族,所以《礼记·檀弓》说:"丘也殷人也"。到他的父亲叔梁纥做了鲁国郰邑的大夫,才为鲁国人。虽然孔子的祖先是贵族,到孔子时代已经衰微了,《论语》子罕记孔子自己的话道:"吾少也贱。"《史记·孔子世家》也说:"孔子贫且贱。"他是一个没落的贵族,也是一个属于"士"的阶层的人。"士"的原义本指自由农民,吴承仕先生曾经有过考证道：

> 《说文》："士，事也。"……士古以称男子，事谓耕作也。知事为耕作者，《释名·释言语》云："事，倳也，倳，立也，青徐人言立曰倳。"《礼记·郊特牲》云："信事人也。"注："事犹立也。"《汉书·蒯通传》曰："不敢事刃于公之腹者。"李奇注曰："东方人以物臿地中为事。"事字又作菑。《考工记·轮人》云："察其菑爪不龃。"先郑注云："菑读杂厕之厕，谓建辐也。泰山平原所树立物为菑……。"先郑云："菑谓毂入辐中者也。"……《汉书·沟洫志》注云："菑亦臿也。"……盖耕作始于立苗，所谓臿物地中也。士事菑古音同，男字从力田，依形得义，士则以声得义也。事今为职事事业之义者，人生莫大于食、事莫重于耕，故臿物地中之事引申为一切之事也。（见杨树达《积微居小学述林》卷三，《释士》）

这种说法是正确的，所以《国语·齐语》即以"士"指农夫。随着社会的发展，自由农民内部起着分化，部分上升者变为贵族的"附庸"，部分被迫下降者变为农奴或者依附农民。当然还有贫苦的自由民存在，那就是所谓小人。小人和农奴有别，经济地位虽然低下，但他们的身份还不是农奴而是"人"。这时领主阶级也在分化着，部分贵族有的变属于"士"的阶层，或者更下降而为小人以至皂隶。总起来说，春秋中叶以后的士，包话脱离生产的自由人、没落的贵族等等。

这已经不属于农民阶级了，他们脱离了生产与劳动，属于"游士"集团，他们一方面周游各国以干禄，同时也执行着一种相礼的职业。这种现象和这种集团的构成当然不始于孔子，但他和他的弟子是属于这个集团的人。他们之中有的是没落贵族，有的就属于自由农民。因为是这么一种脱离生产而周游各地以干禄的人，所以被没有脱离生产的农民所轻视，当他们向正在耕田的长沮桀溺问津的时候，长沮说：

是鲁孔丘与？……是知津矣！（《论语·微子》）

桀溺也是对他们挖苦一顿，"耰而不辍"！

后来子路遇到荷蓧丈人，问他是否看到孔夫子，更遭到他的讽刺道：

四体不勤，五谷不分，孰为夫子！（《论语·微子》）

结果"植其杖而耘",拿起简单的农具又做起活来。这些全是些隐士,说明当时还有许多自由农民存在,老子也可能是这个阶层出身的人。

按着阶级成分说,孔子属于新的士的阶层,作为一个学术集团或者是职业集团来说,他们是儒。因为他们之间的出身和教养不同,所以分为"君子儒"和"小人儒"两种。"小人儒"的地位寒微,既然脱离农业生产,生活当然困苦,于是不免"陷于饥寒,危于冻馁",因而也更被别人所瞧不起,墨子所谓,"倍本弃事"是说他们脱离了农业生产,在古代,"本"指出农业生产,而"事"也是指着农业说;脱离了生产过着懒散生活,正好是"贪于饮食"而"惰于作务"的人!《荀子》的《儒效》篇也说他们"逢衣浅带,解果其冠。……呼先王以欺愚者,而求衣食焉,得委积足以掩其口,则扬扬如也"。他们全攻击了儒家的相礼职业,认为这是无耻的帮闲。其实前期的儒家,无论"君子""小人"全是从事相礼的职业,除非他们在政治上有了地位。礼是统治者巩固阶级秩序的手段,所以他们是十分重视的。《左传》昭公七年记孟僖子自恨不能相礼,"乃讲学之。苟能礼者,从之"。《左传》又说孟僖子将死时,遗命要他的两个儿子去跟孔子"学礼焉,以定其位"。

孔子正是一个传授礼仪和各种知识的大师，他说：

> 自行束脩以上，吾未尝无诲焉。（《论语·述而》）

儒家作为一个职业集团，由来已久；作为一个学术和教育的集团，应当始于孔子。他博学知礼，又能够"学而不厌，诲人不倦"，在当时的确是一个理想的教育家，所以相传他的弟子有三千人。（见《史记·孔子世家》）

二、孔子的天道观和道德学说

孔子本身既然是一个没落的贵族，又是一个拥护领主封建秩序的人，在天道观一方面，他接受了宗周封建贵族传下来的正统观念。比如他说：

> 天生德于予。（《论语·述而》）
> 获罪于天，无所祷也。（《论语·八佾》）

这仍然是有人格有意志的上帝，但也正如我们前面所说，宗周中叶以后的人在怨天了，所以孔子也说：

> 天丧予，天丧予！（《论语·先进》）
> 不怨天，不尤人。（《论语·宪问》）

他虽然在劝勉大家"不怨天"，可是他自己也怨起来而说什么"天丧予"了！天不是绝对权威，地位在动摇着，这也是承袭了宗周的观念。这种观念发展的结果就为泛神论的说法开辟了道路。孔子说过这样的话：

> 天何言哉！四时行焉，百物生焉。天何言哉！（《论语·阳货》）

把天看作一种自然间的力量。由此我们知道孔子虽然接受了宗周时代的天道观，随着社会的发展，孔子对于天的看法究竟有所不同了，泛神论是否定上帝的开端，因之表现在祭祀的观念上，孔子和过去也有所不同，他说：

> 祭如在，祭神如神在。（《论语·八佾》）
> 敬鬼神而远之，可谓知矣。（《论语·雍也》）

这对于天不仅是信仰程度的问题，而是怀疑有无的问题了。孔子正处在一个转变的时代，在统治阶级的内部也是一个充满了矛盾的时代，部分的统治阶级在相信着天，没落的贵族就有些动摇，萌芽着的商人地主更相信自己的力量而增加对于天的轻视。孔子处于矛盾时代的矛盾阶层中，表现在天道观中也充满了矛盾，所以墨子对这种现象批评道：

> 执无鬼而学祭礼，是犹无客而学客礼也，是犹无鱼而为鱼罟也。（《墨子·公孟》）

这在孔子也是没法自圆其说的。

"天"不可信而有敬德的思想，这是宗周的思想传统，统计《论语》全书的言德各章，皆与孔子关于"天""命"的思想有关。但孔子的道德学说究竟不是宗周的再版，有了新的发展，他重点地提出"仁"的问题。宗周的敬德思想，是要统治者做主观的努力以补"天"的不足，他们以为统治者的人格修养，可以得到上帝的保佑，可以巩固统治。到了春秋中叶以后，生产事业更加发展，社会在前进，旧的阶级秩序在动摇着，人与人的关系也复杂起来了。在这时，有些人认为：搞好了人与人的关系，就可以安定阶级秩序，巩固统治者的安全。孔子也是有这种看法的人，于是他提出了"仁"

的问题。根据赵纪彬教授的统计,在《论语》中凡有五十八章论"仁","仁"字凡一百有五见(见《古代儒家哲学批判》,第一二七页)。我们在春秋以前的古书内找不出这个字来。"仁"字虽不必是孔子的创造,但他特别强调了它是事实。因为是新提出来的命题,什么是"仁",他的弟子们也弄不清楚,以致常来向他求教,孔子的答复是因人因时而异,比如:

> 颜渊问"仁"。子曰:"克己复礼为仁。一日克己复礼,天下归仁焉。为仁由己,而由人乎哉。"
>
> 颜渊曰:"请问其目。"子曰:"非礼勿视,非礼勿听,非礼勿言,非礼勿动。"
>
> 仲弓问"仁"。子曰:"出门如见大宾,使民如承大祭。己所不欲,勿施于人。在邦无怨,在家无怨。"
>
> 司马牛问"仁"。子曰:"仁者,其言也讱。"曰:"其言也讱,斯谓之仁矣乎?"子曰:"为之难,言之得无讱乎?"(以上《论语·颜渊》)
>
> 樊迟问"仁"。子曰:"居处恭,执事敬,与人忠,虽之夷狄,不可弃也。"(《论语·子路》)

孔子答复颜渊的话主要是"克己复礼"为仁,答复仲弓的话是"己所不欲,勿施于人"为仁,答复樊迟的话是"居处恭,执事敬,与人忠"为仁。这些总起来,用现在的话来说就是"规规矩矩地做人,很好地对待人"。这是他们的基本道德,生活规范,一时也不能离开的,所以孔子说:

> 君子无终食之间违仁,造次必于是,颠沛必于是。(《论语·里仁》)

只有仁人才能搞好人和人之间的关系,调节统治者的矛盾才能安定封建社会秩序。这也是为人的原则,掌握住这种原则才能够分辨是非,孔子说:

> 唯仁者能好人,能恶人!(《论语·里仁》)

他又说:

> 人而不仁如礼何?人而不仁如乐何?(《论语·八佾》)

一个能好人能恶人的人,必定是一个有原则的人,而谈到礼乐

也必须是仁人才能实行,这样"仁"是社会中的最高原则,执行起来是困难的,所以孔子不轻易许人以"仁",比如:

> 孟武伯问:"子路仁乎?"子曰:"不知也。"又问。子曰:"由也,千乘之国,可使治其赋也,不知其仁也。""求也何知?"子曰:"求也,千室之邑,百乘之家,可使为之宰也,不知其仁也。""赤也何如?"子曰:"赤也,束带立于朝,可使与宾客言也,不知其仁也。"
>
> 子张问曰:"令尹子文三仕为令尹,无喜色。三已之,无愠色。旧令尹之政,必以告新令尹,何如?"子曰:"忠矣。"曰:"仁矣乎?""未知,焉得仁?""崔子弑齐君,陈文子有马十乘,弃而违之,至于他邦,则曰,'犹吾大夫崔子也。'违之。之一邦则又曰,'犹吾大夫崔子也。'违之。何如?"子曰:"清矣。"曰:"仁矣乎?"曰:"未知,焉得仁?"(《论语·公冶长》)

以上或者是孔子的大弟子有杰出的政治才能,或者是历史上有名的政治家和有声望的人,他们可以有所成就,但不能称为仁人,连颜渊也只能"三月不违仁",其余的也只能"日月至焉而已矣"!(《论语·雍也》)孔子把"仁"和"圣"当作同

位语来看,他说:

> 何事于仁,必也圣乎?(《论语·雍也》)
> 若圣与仁,则吾岂敢?(《论语·述而》)

事实上他是有这种抱负的。那么仁圣行为的结果又将如何呢?孔子说:

> 老者安之,朋友信之,少者怀之。(《论语·公冶长》)

这是说搞好了人与人的关系,使人们各得其所,也就是安定了社会秩序,也就是仁人的行为了。这的确是不容易做到的,连尧舜"其犹病诸"!(《论语·雍也》)

虽然"仁"是为人的最高原则,是难以达到的理想,但那究竟是人们向往的目标,人们必须达到这种目标才能够说是"成人"了。当子路问什么是"成人"的时候,孔子说:

> 若臧武仲之知,公绰之不欲,卞庄子之勇,冉求之艺,文之以礼乐,亦可以为成人矣。(《论语·宪问》)

又说：

> 今之成人者何必然，见利思义，见危授命，久要不忘平生之言，亦可以为成人矣。（《论语·宪问》）

成人的条件好像平实，其实也是很难做到，有知，有勇，有艺还要"文之以礼乐"，才可以"成人"。一个"成人"也就是立起来的人，孔子说：

> 夫仁者,己欲立而立人,己欲达而达人！（《论语·雍也》）

一个立起来的人，是一个掌握了原则而能够争取主动的人，但绝不是自私的人，自己成人还要使别人成人，无论是成人是立人的先决条件必须他们活在世上为人，那么假使在生死关头如何来掌握这种原则呢？孔子说：

> 志士仁人，无求生以害仁，有杀身以成仁。（《论语·卫灵公》）

虽然生存是人的先决条件，但有时求生反而有害于仁，必须杀身以成仁。"成仁"也就是"成人"。后来宋儒发挥了这种观点，以为规规矩矩地生长是"仁"，并没有违背了孔子的原则。也并不是必得"死"才能够"成仁"，在某种条件下不死也可以算作"仁人"，比如：

> 子路曰："桓公杀公子纠，召忽死之，管仲不死，曰'未仁乎'？"子曰："桓公九合诸侯，不以兵车，管仲之力也，如其仁，如其仁！"
> 子贡曰："管仲非仁者与？桓公杀公子纠，不能死，又相之。"
> 子曰："管仲相桓公霸诸侯，一匡天下，民到于今受其赐。微管仲，吾其被发左衽矣。岂若匹夫匹妇之为谅也，自经于沟渎而莫之知也。"（《论语·宪问》）

因为孔子把"仁"的条件抬得那么高，所以子路、子贡对于管仲是否仁人全有不同的意见，这是一个小规模的讨论会，子路提出来被孔子否定，子贡又提出来，但孔子还是坚持他的意见。孔子从政治的观点上来衡量管仲，认为他维持了当时的社会秩序，抵御了游牧部族的侵略，使人民能够安居下来，这是仁人的行为，应当承认他是仁人。

关于孔子论仁的意义，宋儒有了发挥，而清人阮元对于"仁"的意义有较为正确的解释，他说：

> 今综论《论语》论仁诸章，而分证其说于后，谨先为之发其凡曰：元窃谓诠解"仁"字，不必烦称远引，但举《曾子制言》篇："人之相与也，譬如舟车然，相济达也。人非人不济，马非马不走，水非水不流。"及《中庸》篇："仁者人也。"郑康成注："读如相人偶之人。"数语足以明之矣。春秋时孔门所谓仁也者，以此一人与彼一人相人偶而尽其敬礼忠恕等事之谓也，"相人偶"者谓人之偶之也，凡仁必于身所行者验之而始见，亦必有二人而仁乃见，若一人闭户斋居瞑目静坐，虽有德理在心，终不得指为圣门所谓之仁矣。（《揅经室一集·〈论语〉论仁论》）

虽然阮元多以《论语》以外的材料释"仁"，这种解释是不远于孔子原义的。段玉裁《说文解字注》，关于"仁"的解释也有类似的意见。这样就对宋明的心学一派"闭户斋居，瞑目静坐"，虽然承认他们"有德理在心"，也不得称之曰"仁"。所谓"相人偶"，也就是"人相偶"，也就是人和人相处的关系。

封建社会的道德学说是有阶级性的，那么这"相人偶"的"人"，究竟是指哪些人？"人"是人，不是"民"，是自由的人民，不是农奴。关于这一点赵纪彬教授的《古代儒家哲学批判》一书内有很好的分析，他说：

> 我们归纳全书（《论语》），发现一件颇为有趣而意义亦相当重大的事实，即"人"与"民"在春秋时代是不可混同的两个阶级；他们在生产关系中有不同的地位，在政治系统中有主权的区别，其物质的及精神的生活的内容与形式，亦互不相同。（《释人民》）

这是很正确的分析，下面他又说：

> 可知《论语》所说的"人"和"民"相当于一般古代社会的两大阶级："民"是奴隶，"人"是奴隶所有者。

"人"和"民"在当时不属于一个阶级，是事实，但属于哪一阶级，我们的看法还有些不同。"人"还包括着自由"国人"，"民"应当是依附农民，而"小人"则是自由"国人"之趋于贫困者。那么，孔子之所谓"仁"，也就是搞好封建统治阶级的内部问题,使他们彼此相亲,各守礼法。但当时敌对阶级间的矛盾也是尖锐的,这种矛盾如果不克服的话,也就没法维持社会的安宁,在这种场合下,孔子的"仁"的内容,也就不能丢开农民不管,当仲弓问"仁"的时候,孔子说:"出门如见大宾,使民如承大祭。"这就是说"到外面去好像遇到贵人一样,使唤农民好像在行祭礼一样,要小心谨慎着"!这样就是仁人了。

在孔子的时候要搞好人和人的关系,实在不是容易的事,因为那是"乱世",社会上的种种矛盾,没有方法消除。同时"仁"是一种规规矩矩的行为,不能巧取,所以孔子说"刚毅木讷近仁"(《宪问》),对于那些善于取巧的人,只能算作"佞"人,离"仁"的规格太远了,孔子有两次谈到这类人说:

> 巧言令色,鲜矣仁!(《论语·学而》《论语·阳货》)

"仁"本来是孔子提倡的道德标准,但他为了慎重,为了不使这一概念泛滥起来,他很少提到它,《论语》说:

> 子罕言利与命与仁!(《子罕》)

他不谈"仁",他在实践着"仁"的准则,用他自己的话道:

天何言哉,四时行焉,百物生焉,天何言哉!(《论语·阳货》)

三、孔子的政治思想

孔子处在一个宗法封建社会的动荡时代,在这个时代有如下的具体表现:

一、农民地位的变动:自由农民阶层分化,某些领主的依附农民,因为领主的没落也有分离。

二、封建等级名分混乱,所谓"子弑其父,臣弑其君"的现象所在多有。

三、诸侯间的兼并与征伐频繁。

孔子不了解这是宗法封建社会内在矛盾发展的必然结果,他希望这渐次崩溃的社会秩序能够稳定下来,最好是恢复到西周时的样子,他对于西周的社会制度,不但寄予无限的同情,而且认为那是唯一的合理的制度,所以他说:

周监于二代,郁郁乎文哉,吾从周。(《论语·八佾》)

以周和夏殷相比，当然周最为进步，然而把周当作永久的典范，要后代效法它，而且说：

> 其或继周者，虽百世可知也。（《论语·为政》）

这就是倒退的历史学说了。孔子站在封建领主阶级的立场，提倡着永世不变的学说。他在政治上也怀着莫大的野心，以为通过他和弟子们的努力，可以在东方造成一个和西周相似的封建国家，所以曾经说：

> 如有用我者，吾其为东周乎！（《论语·阳货》）

他不但有着政治上的野心，而且有信心，认为自己是应运而生的圣人，在《论语》中他有许多这类自许的话，比如：

> 天生德于予，桓魋其如予何！（《论语·述而》）
> 子畏于匡曰："文王既没，文不在兹乎？天之将丧斯文也，后死者不得与于斯文也。天之未丧斯文也，匡人其如予何？"（《论语·子罕》）

孔子以为自己是受命于天的圣人,因此他有信心,认为他可以恢复"文武之道",所以他经常要梦见周公!假使他来从政,据他说:

> 期月而已可也,三年有成。(《论语·子路》)

当他到了武城,听到弦歌的声音,他

> 莞尔而笑曰:"割鸡焉用牛刀。"(《论语·阳货》)

全表示了他骄傲自信的心理,这和他那种"鞠躬如也"的行为正好相反;表现在一个人的言行中而有这样的矛盾不是不可理解的,"鞠躬如也"是他的守礼,他的自负和自信的态度,是认为只有通过他才能够使别人也守礼,而使当时的社会秩序稳定下来。

维持旧的社会秩序不使紊乱,最好是掌握住等级名分的尺度。什么是尺度的标准?是"礼"。在当时大家不遵守这种标准了,脱离常轨了,孔子曾经谈到政治方面的紊乱情况道:

> 天下有道,则礼乐征伐自天子出;天下无道,则礼乐

征伐自诸侯出。自诸侯出，盖十世希不失矣；自大夫出，五世希不失矣；陪臣执国命，三世希不失矣。天下有道，则政不在大夫；天下有道，则庶人不议。（《论语·季氏》）

禄之去公室五世矣，政逮于大夫四世矣，故夫三桓之子孙微矣。（同上）

这正是诸侯要代替天子，大夫要代替诸侯，陪臣要代替大夫，而庶人也是议政的时代。他认为这是政治上的危机，大家不遵守过去的制度，社会要紊乱了。他以为首先要恢复天子的威权，制止诸侯、大夫、陪臣各级贵族的僭越，要各守名分。把等级制度巩固起来，协调贵族间的关系。他认为这是当时政治上的根本问题。《论语》说：

齐景公问政于孔子，孔子对曰："君君，臣臣，父父，子子。"（《颜渊》）

当时在孔子看起来的确是君不君、臣不臣、父不父、子不子的时代，所以孔子叹息着说：

觚不觚，觚哉！觚哉！（《论语·雍也》）

名实完全不相副了,这怎么得了,孔子一再主张"正名"。"正名"即所以守礼,正名和守礼全要求实践的行为,而不是一种形式,孔子说:

> 礼云礼云,玉帛云乎哉!乐云乐云,钟鼓云乎哉!(《论语·阳货》)

玉帛钟鼓只是礼乐的形式,更主要的还要看从政的行为如何,他一再强调这一点,比如:

> 季康子问政于孔子。孔子对曰:"政者正也,子帅以正,孰敢不正。"(《论语·颜渊》)
> 子曰:"其身正,不令而行;其身不正,虽令不从!"(《论语·子路》)
> 子曰:"苟正其身矣,于从政乎何有!不能正其身,如正人何!"(同上)

人人能够做守礼的实践,人人能够自正其身,就不会有僭越的事件发生,那么社会上的等级制度可以维持了,这样就是"不令而行"。在统治阶级内部,要求各安名分以缓和其内部的矛盾，对于农民和统治阶级间的矛盾，他如何看法呢？用什么手段来对付呢？他说：

> 刑罚不中，则民无所措手足。（《论语·子路》）

可见刑罚是对付农民的，虽然他说"礼乐不兴，则刑为不中；刑罚不中，则民无所措手足"。也是指礼乐兴起后，统治阶级内部可以稳定，这样来对付农民，在刑罚上也就没有时重时轻的毛病。当然刑罚中也并不是孔子的理想，他希望：

> 必也使无讼乎！（《论语·颜渊》）

"讼"是一种争辩，《周礼·地官·大司徒》所谓"凡万民之不服教而有狱讼者听而断之"。可见这也是农民的争辩。要求无衣无食的农民无讼，不是困难么？孔子也知道：

> 贫而无怨难！（《论语·宪问》）

贫而有怨继续下去，不仅是"讼"的问题了，他们要动起来，为了缓和这种矛盾，孔子又提出自己的主张道：

> 有国有家者，不患寡而患不均，不患贫而患不安，盖均无贫，和无寡，安无倾。（《论语·季氏》）

这样会主张减少对于农民的剥削，使他们能够生活，以便安定社会，巩固当时的阶级秩序；这基本上还是宗周时主张"德治"的进一步发展。

孔子的政治主张没有能够实现，社会并没有依着他的志愿发展，于是他感到失望，认为在这方面没有前途了，他慨叹着说：

> 凤鸟不至，河不出图，吾已矣夫！（《论语·子罕》）

四、孔子的"学"与"教"的学说

孔子是一个学识渊博的人，看当时人对他的称赞道：

> 达巷党人曰："大哉孔子，博学而无所成名。"（《论语·子罕》）

> 大宰问于子贡曰："夫子圣者与？何其多能也。"子贡曰："固天纵之将圣，又多能也。"（同上）

> 颜渊喟然叹曰："仰之弥高，钻之弥坚，瞻之在前，忽焉在后。"（同上）

这些话不完全相同，但全道出孔子学问的博大精深，他不是只通一技的专家，当时人看起来他无所不知，无所不能。吴国有什么不能解决的问题，还派人来问他，《国语·鲁语》记载一个故事道：

> 吴伐越堕会稽，获骨焉，节专车。吴子使来好聘，且问之仲尼曰："无以吾命。"宾发币于大夫，及仲尼，仲尼爵之，既彻俎而宴，客执骨而问曰："敢问骨何为大？"仲尼曰："丘闻之，昔禹致群神于会稽之山，防风氏后至，禹杀而戮之，其骨节专车，此为大矣。"

有关于"考古学"上的问题都来问他，足见孔子的声誉。他为什么有这样渊博的学识？孔子谦逊地说：

> 吾少也贱，故多能鄙事。（《论语·子罕》）

虽然是孔子的谦逊，却是事实，没落的贵族，能够接近人民群众，自然多知道一些人间事。同时他是一个非常好学的人，他自己说：

> 十室之邑必有忠信如丘者焉,不如丘之好学也。(《论语·公冶长》)
>
> 默而识之,学而不厌,诲人不倦,何有于我哉!(《论语·述而》)

他自己好学,也希望别人好学,因之他是善于教学的,他也屡次地说:

> 诲人不倦!(《论语·述而》)

"学而不厌""诲人不倦"还只是孳孳不辍的精神,什么是他的具体方法呢?他说:

> 学而时习之,不亦说乎!(《论语·学而》)

曾子也承袭了这种方法而说:

> 吾日三省吾身:为人谋而不忠乎?与朋友交而不信乎?传不习乎?(同上)

赵纪彬教授曾对此加以分析道:

> 就例二来看,"传"与"习"对举成文,"传"字或训"所专之业",或训"传之于人";而"习"字则通训为"躬试之事"。(见《古代儒家哲学批判》,第九一页)

以下并引用金履祥、焦循等人的说法,更得出结论道:

> 据此,则所谓"习"乃是将已知之事付之实践,而检证其正误之义。必先经实习而后乃传,也是力求不忘传述,对于学者克尽忠信之义。(同上书,第九二页)

这样解释,似乎可以讲通,实则不是孔门原义。"习"不能理解为实践,必得把"已知之事"付之实践,然后传人,不特无此必要,也无可能。"习"只是熟习,熟练地掌握其内容而已。"习"还不是孔门的教学方法,只是学的过程中的一个步骤。《大戴礼记·曾子立事》篇说:

> 曾子曰:"君子攻其恶,求其过,强其所不能,去私欲,从事于义,可谓学矣。……日旦就业,夕而自省思,以殁其身,

亦可谓守业矣。……君子既学之，患其不博也；既博之，患其不习也；既习之，患其无知也；既知之，患其不能行也；既能行之，贵其能让也。君子之学，致此五者而已矣。"

又《国语·鲁语下》云：

> 士朝而受业，昼而讲贯，夕而习复，夜而计过，无憾而后即安。

根据《曾子立事》篇的记载，可知"习"不是"行"，虽然学的最终目的是行，但习不是行。《鲁语》的话可以作为旁证，说明"习"只是反复咀嚼的意思。实际上"博习"之学，还不足为人师。《荀子·致士》篇说：

> 师术有四，而博习不与焉。尊严而惮，可以为师；耆艾而信，可以为师；诵说而不陵不犯，可以为师；知微而论，可以为师。故师术有四，而博习不与焉。

荀子是儒家嫡传，他说"博习"不足为人师，我们就很难说"传不习乎",是传业之前先以实践检证其正误。杨树达先生说:"记问博习,强识之事也;温故而知新,通悟之事也。孔子之教,以通悟为上,强识次之。故温故知新可以为师,记问博习无与于师道也。"(《论语疏证》卷二)杨先生的说法是正确的,孔子只是提出,"温故而知新,可以为师矣"(《论语·为政》)。这是一种能够就已有的学识加以发挥的学者,孔子以为"多见而识之,知之次也"(《论语·述而》)。在学的问题上,孔子又注重通悟,《论语》记载一个故事可以说明:

> 子谓子贡曰:"女与回也孰愈?"对曰:"赐也何敢望回,回也闻一以知十,赐也闻一以知二。"子曰:"弗如也,吾与女弗如也。"(《论语·公冶长》)

这是"温故知新"的高度发挥,当然不可能人人是颜回,但这无疑是孔子的理想,他又说:

> 不愤不启,不悱不发。举一隅不以三隅反,则不复也。(《论语·述而》)

他注重启发,注重思考,尤其是在教的问题上,这是一个原则,不能使学者没有思考的余地。(《礼记·学记》)说:

> 君子之教谕也,道而弗牵,强而弗抑,开而弗达。

"开而弗达"是要我们给学者留有思考的余地,这是给我们举的"一隅",也就是《孟子·尽心上》所谓:

> 君子引而不发,跃如也。

这才是一种活泼的教育方法,不是一种死板的记问之学的传授。但这种教育容易引导到天才教育的歧途,《礼记·学说》就说:"语之而不知,虽舍之可也。"为什么孔子会有这种主张?是和孔子的认识上的二元论分不开的,赵纪彬教授对此曾经有过正确的分析。孔子曾经说过这样的话:

> 生而知之者,上也;学而知之者,次也;困而学之,又其次也;困而不学,民斯为下矣。(《论语·季氏》)

又说:

> 性相近也，习相远也；惟上智与下愚不移。（《论语·阳货》）

赵先生认为例一虽只三十四字（按：除去孔子曰，只三十一字），而实足以代表孔门对于认识主体及认识起源问题最完整的看法。根据这一段话知道他们在认识论中的二元论的立场，"困而不学，民斯为下矣"，明白指出愚蠢的"民"没有学的资格，这属于"下愚"的行列。这是把"人""民"阶级差别绝对化的结果，"生而知之"当然属于"人"的阶级，就是"学而知之"和"困而学之"，也是"人"的阶级内部事，这种人的天性是相近的，但因所"习"的不同，而可以相远；教育对他们来说是有效的。（参考《古代儒家哲学批判》，第八二页）

"民"没有学的资格，因为孔门的教学内容也是属于"人"的。这里面没有"民"的份儿，《论语》内记载一个故事道：

> 樊迟请学稼。子曰："吾不如老农。"请学为圃。曰："吾不如老圃。"樊迟出。子曰："小人哉樊须也。上好礼则民莫敢不敬；上好义则民莫敢不服；上好信则民莫敢

不用情。夫如是，则四方之民襁负其子而至矣，焉用稼？"（《论语·子路》）

孔门四科本来没有农圃，樊迟当然是问非其人。我们归纳孔门所学，不外"诗""礼""俎豆之事""道""文武之道""文"和"古"等事，这全是属于封建贵族的学问。那么，孔子的教学活动是否毫无进步意义？并不如此。虽然孔子顽固地主张上智与下愚不移，但他在招收门徒的时候，还是说：

> 自行束脩以上，吾未尝无诲焉！（《论语·述而》）
> 有教无类！（《论语·卫灵公》）

这样就使没有受教可能的人也有受教的机会了。"有教无类"的说法，无疑是一种进步的主张，他没有严格阶级和阶层的限制，交学费的全可以读书。这也曾引起一些人的惊讶，《荀子·法行》篇记载南郭惠子问于子贡说：

> 夫子之门何其杂也？

子贡也不能否认这种事实,向他解释道:

> 君子正身以俟,欲来者不距,欲去者不止。且夫良医之门多病人,檃栝之侧多枉木,是以杂也。

这些"杂"的门人包括有哪些人呢?可考的如:颜子居陋巷,死时有棺无椁。曾子从事种瓜,其母亲织。闵子骞着芦衣,为其父推车。仲弓父为贱人。子路食藜藿,负米。有子为卒。原思居穷阎,敝衣冠。樊迟请学农圃。公冶长在缧绁。这些虽然未免有传闻失实的地方,总可以看出一些实际情况。

孔子在教学上也是一个主张实践的人,虽然我们不认为"习"是实践,但"行"是实践却无问题,孔子说:

> 弟子入则孝,出则悌,谨而信,泛爱众而亲仁,行有余力,则以学文。(《论语·学而》)

"孝""悌""谨信""爱众""亲仁"全是行,全是实践;这些全做过之后再来学文,也不为晚,那么,还是以实践为主。子夏也说过:

> 贤贤易色，事父母能竭其力，事君能致其身，与朋友交言而有信，虽曰未学，吾必谓之学矣！（《论语·学而》）

一个能进行道德实践的人，不学也就是学，这种精神是好的，可是受着阶级的限制，他们之所谓行也多半是贵族的行，他们学的目的也是用以"干禄"！孔门弟子多为贵族家臣或邑大夫，也是这种教育的结果。

五、孔门学派

在先秦诸子中儒家是一种显学，是一个大的学派，在这一个大的学派内，因为发展方向不同，遂有不同的结果，也就有不同的儒家存在。《韩非子·显学》篇说：

> 世之显学儒墨也。……自孔子之死也，有子张之儒，有子思之儒，有颜氏之儒，有孟氏之儒，有漆雕氏之儒，有仲良氏之儒，有孙氏之儒，有乐正氏之儒。

郭沫若先生曾经有《儒家八派的批判》，对于这些儒家做过较为详尽的研究。我们不打算重复。只是就孔门对后世影响最大的两部经典，《中庸》和《大学》加以初步分析。《中庸》是子思的作品，《史记·孔子世家》云："伯鱼年五十，先孔子卒。伯鱼生伋，字子思，……作《中庸》。"这一篇书在汉朝收在《小戴礼记》内，到了宋朝乃分出而作为《四书》之一。子思、孟子一派的儒家发展孔门的唯心主义的学说。除了我们曾经谈到《中庸》的"素隐行怪"包括有五行学说外，它一开端"天命之谓性"，依郑玄注是：

木神则仁，金神则义，火神则礼，水神则智，土神则信。

仁义礼智信也就是木金火水土，这是天道、天命，在某一种情况下也叫作天时。

孔子曾经提出"仁"来，作为调节人与人之间关系的一种道德实践，到子思的时代，他更提出"诚"来作为一种先天的道德准则。这是本学派在唯心论方面的一种发展，在孔子的仁的范畴内还没有天道的意义，因为在孔子的思想中还有着上帝存在，子思之所谓"诚"，就代替了上帝的职能，它一方面使儒家的思想唯心化，同时也使人格神的上帝泛神化，这样以一种精神的存在，说明宇宙的演变发展，是唯心主义的宇宙观，但同时也否定了上帝的存在，这接近了道家的学说，所以《中庸》内也屡次谈"道"，如云：

> 天命之谓性，率性之谓道，修道之谓教。

又：

> 诚者，天之道也；诚之者，人之道也。

儒家说"道"始自《中庸》，它和《庄子》的不同处，是它认为天道本质是诚，抛开"诚"不能谈道，抛开"诚"也不能说物，"诚"就是天道，也是天道的发展法则，《中庸》说：

> 诚者，天之道也。

又说：

> 诚者物之终始，不诚无物。

"诚"是渊泉，"诚"是法则；如果不诚，则将"无物"，所以说：

> 至诚无息，不息则久，久则征，征则悠远，悠远则博厚，

> 博厚则高明。博厚，所以载物也，高明，所以复物也，悠久，所以成物也。

这由精神以至物质的演变过程，是思孟学派的唯心主义宇宙观。这种宇宙观的本身虽然没有假借上帝的权威，但这种"不见而章，不动而变，无为而成"的发展法则没法形容，也很难说明，于是它就有许多神秘的色彩，神秘的本身也就是接近了宗教的边缘。看《中庸》说：

> 至诚之道可以前知，国家将兴，必有祯祥，国家将亡，必有妖孽，见乎蓍龟，动乎四体，祸福将至，善必先知之，不善必先知之，故至诚如神。

"至诚如神"正好说明了这种学说的内容，他们抛开上帝，假道于"诚"还是回到宗教的怀抱中，这种学说的发展，到董仲舒以后，就造成儒教的正统。子思以后的孟子也喜欢运用"神"的字句，他说：

> 夫君子所过者化，所存者神，上下与天道同流。（《孟子·尽心上》）

"祯祥"和"神"的学说全是以后"灾异"学说的前身,而灾异的学说是和阴阳五行的说法分不开的,子思的祯祥妖孽和五行说有一定关联。郭沫若先生的《儒家八派的批判》一文内也正确地分析了思孟的五行说。他说孟子把仁义礼智作为人性之所固有,但缺少了一个"信",恰如四体缺少了一个心,然而这在孟子学说系统上并没有缺少,"信"就是"诚"了,他把天道和仁义礼智相配。"天道"是什么呢?就是"诚",孟子说"诚者天之道也,思诚者人之道也,至诚而不动者未之有也,不诚未有能动者也"。其在《中庸》则是说,"诚者天之道也,诚之者人之道也,诚者不勉而中,不思而得,从容中道,圣人也"。这"从容中道"的圣人,也就是"圣人之于天道"的说明。诚是"中道",也正合乎"土神则信",而土居乎中央的原则。思孟都强调"中道",事实上更把"诚"当成了万物的本体,其所以然的缘故,不就是因为诚信是位乎五行之中极的吗?故而在思孟书中虽然没有金木水火土的五行字面,而五行系统的演化确定是存在着的。正因为从这样的理论根据出发,所以孟子道"性善"而《中庸》主张"尽性",在他们自己是有其逻辑上的必然的。(参考《十批判书》,第一三三至一三四页)

这是重要的分析,通过这些话解决了思孟学派的五行说,也解决了"极高明而道中庸"的逻辑必然。这种学派和邹衍学派的说法结合，和黄老学派的说法相合，变成谶纬学派的前身，也就是西汉儒教的前身，在那里复活了他们抛开的上帝，神秘主义的观念变作具体的偶像。

孔子时代的儒家本来注意人事的说明，尤其注意于统治阶级内部矛盾的解决和安排。春秋结束了，到战国时代，人与人的关系变了，统治阶级内部矛盾也改变了性质，孔子所关心的旧领主阶级已经趋于没落，再没法挽回，低徊于旧的社会秩序的人再没有"君不君"之叹，他们孳生了遁世的思想，羡慕着"隐士"的生活，在这一点上，他们接近老庄学派了。《中庸》说：

> 国无道，其默足以容。

这不是孔子的精神，这和"如有用我者，吾其为东周乎"的精神相违背。这说明前期儒家的政治见解和世道乖违了，他们感觉到无能为力，于是他们又说：

> 君子依乎中庸，遁世不见知而不悔，唯圣者能之。

这种思想并没有发展下去，在《孟子》中我们看不到这种痕迹，他们重新有了安排，这是儒家的新生命，使它在中国的封建社会内始终占据着正统的地位。

和《中庸》并行的《大学》一书，在中国思想史上更发挥了无比的作用，无论孟子和荀子以及后来的朱熹和王守仁全接受了它所提示的方法而有所发挥，因为授受的重点和解释不同以致彼此发生争论，而有不同的学派产生。《大学》不一定是孟子以前的书，但它和孟子有一线相通的地方。郭沫若先生以为《大学》以性善说为出发点，正心诚意都源于性善，如性不善则心意本质不善，何以素心反为"正"，不自欺反为"诚"？又看它说，"好人之所恶，恶人之所好，是谓拂人之性，菑必逮夫身！"如性为不善，则"拂人之性"正是好事，何以反为灾害？这样它排斥了《大学》和荀子学派的关系（参考《十批判书》，第一三六页）。同时，冯友兰先生则从另一个角度出发，以为《大学》属于荀学（见《大学为荀学说》，原《燕京学报》第七期，复刊于《古史辨》第四册），认为荀子言为学当"止诸至足。曷谓至足？曰圣也"（《解蔽》篇）。而《大学》言："大学之道，在止于至善。"又如荀子言心术须"虚壹而静"（同上），而《大学》言"正心"。又荀子言"君子养心莫善于诚"（《不苟》篇），而《大学》言"心诚求之",言"诚意"。虽然这些证据郭沫若先生以为有问题,但他那种为学知止的精神实在和《大学》的"知止而后有定"相通,荀子运用了这种方法来反对思孟,因为根据思孟的求知逻辑,可以无所不知,无所不能,他们理想中的孔仲尼是:

> 祖述尧舜,宪章文武;上律天时,下袭水土。辟如天地之无不持载,无不覆帱,辟如四时之错行,如日月之代明。万物并育而不相害,道并行而不相悖,小德川流,大德敦化,此天地之所以为大也。(《中庸》)

这是全知全能的上帝,而子思、孟子认为这是圣人可以达到的境界。荀子反对这种学说,认为我们不可能全知,必须有所止,他说:"以可以知人之性,求可以知物之理,而无所疑止之,则没世穷年,不能遍也。"(《解蔽》篇)根据这种理由,他也就反对那种没法究诘的五行说。就此而论,这不能不是思孟学说的反对物。

如何对待"知"的问题,在儒家内部一直存在着争端,发展到宋明的理学以后,致知格物的解释问题,又是程朱和陆王主要的分歧点,这牵涉到对于认识论的根本态度问题,后来的儒家很少能够正确地解决此一问题，以致他们不是主观唯心论就是心物二元论的提倡者。一部经典著作的原意如何是一件事，后人的了解及根据这种了解而发生的作用又是一件事。有朱熹的了解就会有朱熹的思想体系，有王守仁的了解也就会有王守仁的思想体系；他们的了解如何，本来和《大学》本意不相干。就《大学》而论《大学》，清代朴学家的解释格物倒有可取处。阮元的《大学格物说》曾经这样说：

> 格有至义，即有止意，履而至止于其地，圣贤实践之道也。……《小尔雅·广诂》曰："格，止也。"知止即知物所当格也。……譬如射然，升阶登堂履物而后射也。《仪礼·乡射礼》曰："物长如笴。"郑注云，"物谓射时所立处也，谓之物者，物犹事也。"……盖物字本从勿，勿者，《说文》州里所建旗趣民事，故称勿勿。《周礼》乡大夫五物询众庶物，即与事同意。而堂上射者所立之位亦名物者，古人即通会此意以命名也。……故曰格物者至止于事物之谓也。凡家国天下五伦之事，无不当以身亲至其处而履之，以止于至善也。格物与止至善，知止，止于仁敬等事，皆是一义，非有二解也。（见《揅经室一集》卷二，《大学格物说》）

就《大学》原意说"格物"就是"知止",阮元的说法是正确的。如果也把《大学》的原文分作经传,我以为"知止而后有定,定而后能静,静而后能安,安而后能虑,虑而后能得。物有本末,事有终始,知所先后,则近道矣",应当是"格物"章的注解。然而乾嘉学派的经学已经不起思想上的作用,这是旧的封建体制趋于总崩溃的前夕,经学再也没有发展的前途,"格物"说的解释也就止于此地,虽然就《大学》本文说,它可能是正确的,就所发生的作用而论,它却是微乎其微了!

六、小结

孔子处在一个变革的时代,社会上充满着矛盾,所以表现在孔子的思想上也充满矛盾,在天道观和道德学说上,他一方面保留了人格神的上帝,同时也有泛神论的思想,这种"执无鬼而学祭礼"的态度,正好是孔子思想的写真。

天不能信赖了,人间充满着矛盾,如何来安定这将崩溃的阶级秩序,是他最为注意的问题。他认为搞好了人与人之间的关系,就可以稳定社会秩序,于是他提出"仁"来,"仁"是规规矩矩地做人,这是他新提出来的道德规范。从此以后,中国儒家始终注意人与人之间关系的处理问题。

他要搞好人与人之间的关系，还是要维持旧的阶级秩序，他念念不忘于西周，所以他说"如有用我者，吾其为东周乎"！

孔子是一个博学多能的人，在中国的教育史上，他是一个不朽的人物。他扩大了知识的传授对象，使官学变成私学。在学习的方法上他也有创见，他注重启发，注重诱导。虽然在认识论上他有着二元论的倾向，他传授的内容也多属于贵族的学问，究竟他是一个主张来者不拒的人，他提倡"有教无类"，在他的时代，这是破天荒一人！他也注重实践，他主张"行有余力，则以学文"。

因为他有许多弟子，所教的内容又极其广博，所以后来的儒家分裂为许多学派，其中显学当然是思孟和荀卿两派。在孔子之后，当新的学派创立的时候，儒家最主要经典是《大学》《中庸》。《中庸》发挥了唯心主义的宇宙观，而《大学》的作用是在方法论方面。在方法论上尽管你了解不同，而各有作用，思孟学派可以运用五行的规律而无所不知，荀卿则认为学无所止，"则没世穷年，不能遍也"。各人的了解可以离题很远，但这却是发展了某一方面的学说。清代乾嘉以后，儒家再没有发展的余地，只剩下小学训诂了，虽然他们弄清了古书原意，然而过去的幽灵，没有什么作用了。

第二节 孟子的思想

一、孟子的身世

孟子名轲,本鲁邑邹人。他的先世不可考,赵岐的《孟子题辞》说,"或曰,孟子,鲁公族孟孙之后,故孟子仕于齐,丧母而归葬于鲁也"。这种说法是可信的。不过,到了他出生的时候,已经是贫寒的居民了,《韩诗外传》曾经有"孟子少时诵,其母方织"的话;但他有过受教育的机会,《史记》本传说,"受业子思之门人",足见他是孔门的嫡传。虽然他是一个早已没落了的贵族,在当时的游士阶层中他变成一个显赫的人物,他经常是"后车数十乘,从者数百人"(见《孟子·滕文公》),并曾经一度为齐卿,《孟子·公孙丑》记载一个故事道:

> 孟子为卿于齐,出吊于滕,王使盖大夫王驩为辅行……未尝与之言行事也。公孙丑曰,"齐卿之位,不为小矣;齐滕之路,不为近矣。反之而未尝与言行事,何也?"

这很明确地指出他曾为齐卿,但同时孟子又曾经说,"我无官守，我无言责"（见《孟子·公孙丑》），可知他是一个并无职守的卿，因为没有职守，所以也"仕而不受禄"，关于这一段的进退过程，《孟子·公孙丑》曾经有过交代：

> 孟子去齐，居休。公孙丑问曰，"仕而不受禄，古之道乎？"曰，"非也。于崇，吾得见王，退而有去志，不欲变，故不受也。继而有师命，不可以请，久于齐，非我志也。"

当他看到齐王以后，就不打算久留，既仕而后也不受禄，因为战争的缘故，没有立时就走，然而是不得已的。虽然仕而不禄，但接受馈赠，《公孙丑》有：

> 陈臻问曰，"前日于齐，王馈兼金一百，而不受；于宋，馈七十镒而受；于薛，馈五十镒而受。前日之不受是，则今日之受非也；今日之受是，则前日之不受非也。"

可知他的生活费用是有来源的。随时在接受馈赠，随时在想为官，有时不得已而去，也是留连不舍。这种态度曾经引起时人的议论，尹士对他的"三夜而后出昼"的濡滞行为，就曾经表示不悦。总之孟子属于劳心的阶级，站在贵族的立场，强调了阶级的区别,强调了劳心与劳力的差别,他属于统治阶级的代言人。

根据《孟子》本书的记载,可以说明他生存的时代,他见过梁惠王、梁襄王和齐宣王,《史记》本传又说他和商君、吴起、孙子、田忌之徒同时。元程复心的《孟子年谱》以为他生于周烈王四年(公元前三七二年),卒于赧王二十六年(公元前二八九年),或者以为他生于安王十七年(公元前三八五年)到二十年(公元前三八二年)之间,而卒于赧王十二、三年之间(公元前三〇三—前三〇二年)(参考周广业《孟子四考》)。这也许是没法论定的,但相对年代是明确的了。

二、孟子的性命之学

孟子发展了孔门的心性之学,是一个把主观唯心主义和客观唯心主义结合在一起的论师,他的思想体系完整,脉络分明,少有自相矛盾的地方,在政治思想中有唯物观点的一些倾向。他提出性善说,这一个除了本学派以外,从来没有提出来的问题。过去只是在天与上帝的问题上兜圈子,而很少注意到个人的问题,从孔子开始注意到人与人的关系安排,因为社会关系变化的剧烈,人与人的关系不得妥善安排,就会泛滥而不可收拾,于是有孔门的伦理学的体系。到孟子的时代,旧的宗法封建关系究竟不可维系了，人与人的关系，不能以血缘的纽带束缚，也不能以暴力来克制，在伦理学上孟子提倡交友之道，更主要的他提出人性的问题。人性本来是良善的，社会关系本来不是复杂的，所以变坏而牵涉到社会问题，是环境影响的结果，孟子一再强调这一点，他说：

> 富岁，子弟多赖；凶岁，子弟多暴。非天之降才尔殊也，其所以陷溺其心者，然也。今夫麰麦，播种而耰之，其地同，树之时又同，浡然而生，至于日至之时，皆熟矣。虽有不同，则地有肥硗，雨露之养，人事之不齐也。故凡同类者，举相似也，何独至于人而疑之？圣人与我同类者。……口之于味也，有同耆焉；耳之于声也，有同听焉，目之于色也，有同美焉。至于心，独无所同然乎？心之所同然者何也？谓理也，义也。圣人先得我心之所同然耳！（《孟子·告子》）

同是子弟，在丰年和凶年表现不同，并不是他们的"才"有区别，而是环境起了决定影响。好比同是麰麦，同是下种而结果不同，主要也是后天的环境不同。下面他又说：

> 牛山之木尝美矣，以其郊于大国也；斧斤伐之，可以为美乎？是其日夜之所息，雨露之所润，非无萌蘖之生焉，牛羊又从而牧之，是以若彼濯濯也。人见其濯濯也，以为未尝有材焉，此岂山之性也哉！虽存乎人者，岂无仁义之心哉？其所以放其良心者，亦犹斧斤之于木也，旦旦而伐之，可为美乎？其日夜之所息，平旦之气，其好恶与人相近也者几希，则其旦昼之所为，有牿亡之矣。牿之反复，则其夜气不足以存；夜气不足以存，则其违禽兽不远矣。人见其禽兽也，而以为未尝有才焉者，是岂人之情也哉？（《孟子·告子》）

在这里提出"才"的问题。当人们失掉良心以后，行同于禽兽，但不能说他本来无才，这好比童山濯濯，是由于斧斤之伐，也不能说它们本来无材。"才"的原义是"草木之初也"（徐铉本《说文解字》六），后来朱熹说"才，犹材质，人之能也"（见《孟子·告子》注）。两种解释不相远，全是指着人们原有的才质和本能。原有的才质、本能在没有发展之前，是萌芽状态，这正当于"草木之初"，如果得不到培养而遭受摧残，以致行为不善，不能归罪于原来无"才"。人们全有恻隐之心，羞恶之心，恭敬之心，是非之心，也就是说人们全有仁义礼智四种美德的萌芽,这是我们所固有的,不是由外面强加进来的(参考《孟子·告子》)。人们所固有的美德就能够不学而能行,不虑而能知。不学而能之能,不虑而知之知,就是良知良能,孟子曾经发挥这种论点道:

> 人之所不学而能者,其良能也;所不虑而知者,其良知也。孩提之童,无不知爱其亲者,及其长也,无不知敬其兄也。亲亲仁也,敬长义也,无他,达之天下也。(《孟子·尽心》)

有这种善良的萌芽得不到充分的发展,依孟子的说法叫作"不能尽其才",因为是人们所固有的东西,我们可以"求则得之",也可以"舍则失之"。求是求人们固有的才,或者说是追求人们失掉了的良心,所以孟子说:

> 学问之道无他,求其放心而已矣!(《孟子·告子》)

这种求之之道,需要一定的修养功夫,心性学派的教育学说,就是以此为出发点。"放心"是不能强求的,必须因势利导,求其自然,用孟子的话来说就是:

> 引而不发，跃如也！（《孟子·尽心》）

善于开导，善于启发，活泼泼地如箭在弦。不是这样而加以外力的干预，那就是"揠苗助长"，结果是萌芽枯槁，善良的心无法追求了。孟子曾经用一个有趣的比喻说明这种过程道：

> 宋人有闵其苗之不长而揠之者，芒芒然归，谓其人曰，"今日病矣，予助苗长矣。"其子趋而往视之，苗则槁矣。天下之不助苗长者，寡矣。以为无益而舍之者，不耘苗者也；助之长者，揠苗者也。非徒无益，而又害之。（《孟子·公孙丑》）

对于培养良心的幼苗，不能放任不管，如果那样，是不耘苗的懒汉，也不能揠苗助长，那是茫茫然的愚人。既然要耘苗，又不能操之过急，所以在教育学说上，最理想的方法是：

> 有如时雨化之者。（《孟子·尽心》）

朱熹以为孔子之于颜回、曾子就是用这种方法。"时雨化之"的方法也就是因势利导的方法，也就是在其原有的基础上加以培植的方法。如果是人们所没有的东西，强迫加上去要他实行，那等于"揠苗助长"，孟子时常在强调这一点，用他的话来说，叫作"由仁义行，非行仁义也"（《孟子·离娄》）。仁义为人身所固有，由此出发，自然会"左右逢源"，如果我们本无仁义，而是找着仁义去做，那是"无本"，孟子曾经打个比方道：

> 原泉混混，不舍昼夜，盈科而后进，放乎四海。有本者如是，是之取尔。苟为无本，七八月之间雨集，沟浍皆盈，其涸也，可立而待也。故声闻过情，君子耻之。（《孟子·离娄》）

凡事不从根本出发，惯于虚声过实的人，全是放失了他的根本，也就是迷失了他的本性，这样是不会长久的，好像一阵暴雨，虽然水大，但立刻会流完的。所以孟子强调从根本处出发，从培养我们已经有的幼苗开始，他说：

> 仁，人心也；义，人路也；舍其路而弗由，放其心而不知求，哀哉！（《孟子·告子》）

我们能够从根本出发，逐渐培养，会养成我们的"浩然之气"，这是一个新的概念，他的弟子们也不明白，孟子解释道：

> 其为气也，至大至刚，以直养而无害，则塞于天地之间。其为气也，配义与道，无是馁也。是集义所生者，非义袭而取之也。（《孟子·公孙丑》）

这是一种精神状态。这种精神的养成是"集义所生者"，它可以充塞于天地之间。用《中庸》的话来解释《孟子》，这也就是"诚"的具体表现，因为"诚"也是充塞于天地之间的，看《中庸》的描写道：

> 至诚无息，不息则久，久则征，征则悠远，悠远则博厚，博厚则高明。博厚，所以载物也；高明，所以复物也；悠久，所以成物也。博厚配地，高明配天，悠久无疆。如此者，不见而章，不动而变，无为而成。

这样"至诚无息"，可以载物，复物、成物；相反，则并无物的存在，所以说"不诚无物"。物是由精神产生，没有精神就没有事物，假使我们人也具备这种精神的话，人们也可以备有万物的本原，孟子说：

> 万物皆备于我矣，反身而诚，乐莫大焉。(《孟子·尽心》)①

"诚"和"充实"是同义语，从这个角度出发则是：

> 充实之谓美，充实而有光辉之谓大，大而化之之谓圣，圣而不可知之谓神。(《孟子·尽心》)

也只有君子（圣人）才能达到神圣的境界，所以孟子说："夫君子所过者化，所存者神，上下与天地同流。"(《孟子·尽心》)这已经是全能的教主，不仅是人间的圣人，他们是可以前知的，因为他们掌握住五行的规律。董仲舒正是由这条路发展下来的人。

以上我们说到孟子以为人们全有"良心"，因而人们之"性善"，同时，孟子也经常提到"命"。究竟这"心"和"命"的关系如何？它们的区别如何？在《尽心》章内孟子

---

① 此处之"物"究应如何解释，还应进一步研究。

同时谈到这三个命题,他说:

> 尽其心者,知其性也;知其性,则知天矣。存其心,养其性,所以事天也。夭寿不贰,修身以俟之,所以立命也。

朱熹引程子的话解释道:"心也,性也,天也,一理也。自理而言谓之天,自禀受而言谓之性,自存诸人而言谓之心。"天代表天理,人自天理处有所禀受是谓性,从人的立场言,原存于人者谓之心;原来本是一个。这虽然出自宋人,但和孟子的原义不远,天理和人心不二,使主观唯心主义和客观唯心主义结合在一起,而形成在中国历史上起过许多作用的所谓"天人之学"。程子这里没有谈到"命",孟子之所谓"命"是什么?他有几次把命和性合在一起谈,除上面所引一段外,还有:

> 口之于味也,目之于色也,耳之于声也,鼻之于臭也,四肢之于安佚也,性也,有命焉,君子不谓性也。仁之于父子也,义之于君臣也,礼之于宾主也,知之于贤者也,圣人之于天道也,命也,有性焉,君子不谓命也。(《孟子·尽心》)

又说：

> 孟子曰：尧舜，性者也；汤武，反之也。动容周旋中礼者，盛德之至也。哭死而哀，非为生者也；经德不回，非以干禄也；言语必信，非以正行也。君子行法，以俟命而已矣。（《孟子·尽心》）

他特别谈到"命"时说：

> 莫非命也，顺受其正，是故知命者，不立乎岩墙之下，尽其道而死者，正命也，桎梏死者，非正命也。（同上）

又说：

> 求则得之，舍则失之，是求有益于得也，求在我者也。求之有道，得之有命，是求无益于得也，求在外者也。（同上）

关于上引第一节的解释，也是朱熹引用程子话，是正确的，他说：

> 五者(指"味""色""声""臭""安佚"——作者)之欲,性也。然有分,不能皆如其愿,则是命也。不可谓我性之所有,而求必得之也。(《孟子·告子》注)

又说:

> 仁义礼智天道,在人则赋于命者,所禀有厚薄清浊,然而性善可学而尽,故不谓之命也。(同上)

根据这种分析,性是本性,而命是命运,本性是人们所固有,而命运是天理之自然。本来根据孟子的理论,天理也就是人心,为什么又有性命之别?因为人们并不能完全遵循着固有的本性去发展,蔽于物欲后,善良的心得不到应有的发挥,也就没法掌握自己的命运。当然君子(圣人)可以除外,他们能够遵循着性来发展,所以说"尧舜性者也",汤武虽然下了一层,他们还是能够"反之"的,就是说他们能够恢复失掉了的本性。这样做也是"行法","法"是天然的法则,天然的法则应用到人们的身上就是命运。能够掌握住天然法则的人,也是能够掌握自己命运的人,能够掌握自己命运的人就是争取主动,这样就可以"俟命"了。这样说还是空洞的不具体的,不具体的东西如何来掌握，仔细研究的话，我们就知道思孟学派之所谓"天命"具体的表现就是五行学说。这在本书第一章论五行的时候已经谈到，为了明白起见，下面不妨再重复一次。

前面我们说到孟子认为天是义理的天，这天是与人性互相沟通的。义理的天也有其运行的法则，这就是命运的天。信仰上帝的人全是信仰天命的人，而唯心论者即使是不相信上帝也必是宿命论者，人和万物全不能为自己做主，另外还有为其做主的命运存在。不过客观唯心论者，把人们完全看作傀儡，认作是有所待的人，而主观唯心论者则承认人们可以完全主动来掌握命运。（虽然说孟子把客观唯心论和主观唯心论结合在一起，但基本上还是主观唯心论者。）在这种思想体系中，孟子有他的天道循环说，实际也就是以唯心论的观点来解释五行学说，从此后唯心论的五行说变成统治阶级的正统信仰，变成封建社会的上层建筑，作为剥削阶级巩固政权的工具，什么也逃不出五行说的范围，而只有君子能够掌握它，所以《中庸》说：

仲尼祖述尧舜，宪章文武，上律天时，下袭水土。

"上律天时"，即指五行说的天时，因为只有五行说的天时为可律，《吕氏春秋·十二纪》《礼记·月令》的五行律，正由

此出发。在《论语·尧曰》篇内也有五行说,比如:

> 尧曰:"咨尔舜,天之历数在尔躬,允执其中,四海困穷,天禄永终。"

这同时也见于伪《古文尚书·大禹谟》,《伪孔传》以为历数即天道,是说"按着历运之数应当之于舜了"。什么是历运之数,它以为五纪,可以叫作"五运",而通称之曰"五行",这是天道循环运行的法则,掌握住这种法则,正确地掌握这种法则,舜就可以是天子了。《孟子》中的"天时"也是五行的运转律,对于一般人来说这是一种命运的支配,对于君子来说,却是:

> 所过者化,所存者神,上下与天地同流,岂曰小补之哉?(《孟子·尽心》)

朱熹以为君子指圣人,他们的"德业之盛,乃与天地之化,同运并行",他们不是完全被命运支配的人,是能够掌握命运的人,能够掌握住命运,就会左右逢源,孟子说:

> 君子深造之以道，欲其自得之也。自得之，则居之安；居之安，则资之深；资之深，则取之左右逢其原，故君子欲其自得之也。（《孟子·离娄》）

于是在职道德学上，君子与小人分野，虽然他们全有善性的萌芽，但：

> 庶民去之，君子存之。（《孟子·离娄》）

去掉了善性的庶民，就是"异于禽兽者几希"了。结果是只有大人"不失其赤子之心"！

三、政治思想

孟子的时代是阶级分化厉害的时代，农民受到严重的压迫，所以他说：

> 王者之不作，未有疏于此时者也，民之憔悴于虐政，未有甚于此时者也。（《孟子·公孙丑》）

在这种情形下他主张有节制的剥削，他说：

> 民之为道也,有恒产者有恒心,无恒产者无恒心。苟无恒心,放辟邪侈,无不为己。及陷乎罪,然后从而刑之,是罔民也。焉有仁人在位,罔民而可为也?是故贤君必恭俭礼下,取于民有制。(《孟子·滕文公》)

他主张给农民以必需的生产资料,使他们能够有安定的心情,不然他们会暴动起来的,那就麻烦了。在《梁惠王》篇他更发挥这种理论道:

> 明君制民之产,必使仰足以事父母,俯足以畜妻子,乐岁终身饱,凶年免于死亡。然后驱而之善,故民之从之也轻。今也制民之产,仰不足以事父母,俯不足以畜妻子,乐岁终身苦,凶年不免于死亡。此惟救死而恐不赡,奚暇治礼义哉!王欲行之,则盍反其本矣。五亩之宅,树之以桑,五十者可以衣帛矣。鸡豚狗彘之畜,无失其时,七十者可以食肉矣。百亩之田,勿夺其时,八口之家可以无饥矣。谨庠序之教,申之以孝悌之义,颁白者不负戴于道路矣。老者衣帛食肉,黎民不饥不寒,然而不王者,未之有也。

这倒是从唯物的观点出发。他以为不能抛开物质条件而谈"仁政",必使人们能够饱食暖衣,老幼各得其所,这样也就是"仁政",是"王者"之所为,而可以无敌于天下。他所谓"取于民有制",他所谓"薄税敛",也有一定的限制,不能因为"有制",而削减统治阶级的收入,使统治阶级不能够维持他们的开支,当有人提出是否可以二十取一的时候,他是极力反对的,《孟子·告子》篇记载一段故事道:

> 白圭曰:"吾欲二十而取一,何如?"孟子曰:"子之道,貉道也。万室之国,一人陶,则可乎?"曰:"不可,器不足用也。"曰:"夫貉,五谷不生,惟黍生之。无城郭官室宗庙祭祀之礼,无诸侯币帛饔飧,无百官有司,故二十取一而足也。今居中国,去人伦,无君子,如之何其可也?陶以寡,且不可以为国,况无君子乎?欲轻之于尧舜之道者,大貉小貉也;欲重之于尧舜之道者,大桀小桀也。"

孟子从统治阶级的立场出发,也朦胧地知道阶级社会和无阶级社会的分别。在没有阶级区别的原始社会里,没有政府,没有官吏,没有复杂的礼仪制度,当然也就免去维持这些制度的开支。在阶级社会中,这些全是不能免除的,过轻的税收,比如说二十分之一，如何能够维持？不能从阶级社会退转到没有阶级的社会，也就不能采取过轻的税收，致使政府不能维持。在先秦诸子中孟子是认识阶级区别的人，他始终强调这种区别，虽然他仅是从分析分工的问题出发。他说，"有大人之事，有小人之事"，而小人之事中也有着不同的分工，他说：

> 有大人之事，有小人之事。且一人之身，而百工之所为备。如必自为而后用之，是率天下而路也。故曰，"或劳心，或劳力；劳心者治人，劳力者治于人；治于人者食人，治人者食于人。天下之通义也。"（《孟子·滕文公》）

在有了阶级的社会里，社会上层浮出一批不从事体力劳动的劳心者，孟子从统治阶级的立场说明了这种分化的过程，他说尧舜有尧舜的工作，禹契有禹契的工作，不能要他们来耕田，各有各的工作，各有各应当考虑的问题。"尧以不得舜为己忧，舜以不得禹、皋陶为己忧，夫以百亩之不易为己忧者，农夫也。"（《孟子·滕文公》）

从统治阶级的立场出发，孟子的确看出阶级分化的事实，虽然他没有从生产资料的占有，从生产者的人身占有出发来考虑问题，但通过分工问题考查，他认识了阶级的分化，有治人者,有治于人者。这个时候土地国有制的制度逐渐崩溃,农村公社的共耕形式也趋于瓦解了,农民失掉了土地的现象已经产生,在这种情形下,孟子又呼吁恢复这种公社的土地制度,他认为这是维持社会秩序的保证,是实行仁政的具体条件,所以他说:

> 夫仁政必自经界始,经界不正,井地不均,谷禄不平,是故暴君污吏必慢其经界。经界既正,分田制禄,可坐而定也。夫滕壤地褊小,将为君子焉,将为野人焉,无君子莫治野人,无野人莫养君子。请野九一而助,国中什一使自赋,卿以下必有圭田,圭田五十亩,余夫二十五亩。死徙无出乡,乡田同井,出入相友,守望相助,疾病相扶持,则百姓亲睦。方里而井,井九百亩,其中为公田,八家皆私百亩,同养公田,公事毕然后敢治私事,所以别野人也。此其大略也。(《孟子·滕公文》)

根据他的古史知识,加上丰富的想象力,他描绘的社会内容,是一个普遍存在着农村公社形式的阶级社会,在野八家各耕一百亩私田,共耕一百亩公田,作为对国家的赋税,以维持那些治人者的俸禄,在国中则"什一使自赋"。而"出入相友,守望相助,疾病相扶持",还最大程度保留了公社制的纯朴内俗。他说由于土地兼并的结果,"经界"已经不正了,朱熹还清楚这种道理,他说,"经界谓治地分田,经画其沟涂封植之界也,此法不修,则田无定分,百豪强得以兼并"(见《孟子·滕文公》注)。这是正确的,也是合乎历史实际的。孟子看出了在当时的社会内主要的劳动生产者是农民,他充分地知道农民在社会上的作用,所以他说:

民为贵,社稷次之,君为轻!(《孟子·尽心》)

国君是可以变置的,社稷也是可以变置的,唯独农民不可以变置,没有他们的生产,一切全谈不到,农民的地位是重要的!即使他从统治阶级的立场出发,这种言论也是可取的,不对农民过度剥削,使他们能够从事再生产,以维持这个阶级社会。这就是"仁政",是王者应当做的,这种说法在中国历史上起了一些作用,当每一个比较清明的时代,总是以仁政来标榜,这也多少减轻了对于农民的剥削,安定了生活,发展了生产。

孟子也是提倡大一统的人。因为社会的发展,中国各个地区发展不平衡的情况,逐渐改善,从春秋以来逐渐有统一要求了,儒家的公羊学派是要求大一统的,思孟学派也是这种主张的提倡者,看他对梁襄王的对话道:

孟子见梁襄王。出，语人曰："望之不似人君，就之而不见所畏焉。卒然问曰：'天下恶乎定？'吾对曰：'定于一。''孰能一之？'对曰：'不嗜杀者能一之！'"（《孟子·梁惠王》）

"定于一"就是要天下统一，谁能够统一呢，只有不好战争的人才能够，也就是实行仁政的人能够统一。孟子之所谓王者，应指能够实行大一统的人！

四、小结

孟子在性命之学上是一个唯心主义的思想家，是后来讲"天人之学"的祖师，他们说人性与天理为一，天是义理的，人性是善良的。人们全有善良的性的萌芽，能够不受外界干扰而发展下来的话，每个人全可以成为善良的人。可惜因为环境的摧残，人们的良心放失，得不到理想的发展，所以孟子说："学问之道无他，求其放心而已矣。"但追求放心的办法也不能操之过急，不能如宋人的"揠苗助长"，而要如"时雨化之者"。

他们认为天是义理的天，同时也是有规律的天。这规律就是有名的五行律；五行的学说从他们开始唯心化了。这就把儒家的发展导向宗教的路途,到西汉有显著的这种色彩。无论是义理的天,或者是有规律的天,全是精神现象,用思孟的话来说,这个天是"诚"的,整个的世界可以用一个"诚"字来形容,他们说"不诚无物"。

我们不能把有影响的学派的思想家简单化,在思孟学派的思想体系中也未尝没有可取的地方,不能说他们在中国史上全起着反面作用。在政治思想方面,孟子有一定的进步主张,首先他从人民的生活方面考虑问题,他说必须给人们以必需的生产资料,不然他们会起义的,虽然是从统治阶级的角度出发,我们应当看事情的效果,中国历史上许多开明时代之提倡仁政,未始不受有这种影响。他理想一个没有私有土地的社会,农民们各占有百亩土地,八家也共耕公田百亩。但他也不主张过轻的税收,因为那会影响封建国家的财政收支平衡。

孟子是一个注意社会分工的人,他强调了劳心与劳力的区别,认为劳力者应当是被统治者,同时他也承认劳力者是社会生产事业的担当者,没有他们人类就没法生活,国家也没法维持,于是他们说"民为贵"而"君为轻"!

在中国历史上这是一个有影响的学派,他们是唯心主义者,他们导致儒家宗教化,是他们的阴暗面。但他们的仁政理想,终究是号召减轻人们的负担的,对于推动社会发展来说,有一定的积极意义!

第三节 荀子的思想

一、荀子的身世

荀子名况字卿,本属周郇伯的后人,古郇国在山西猗氏县,其地于战国时属赵,所以说他是赵人(参考胡元仪《郇卿别传》)。荀子生于赵,游于齐,曾一入秦而仕于楚,后死于楚。关于他的生卒和游踪,因为自《史记》本传以后的记载互有歧异,以致争论不已,《史记》本传说:

> 荀卿,赵人,年五十始来游学于齐,……田骈之属皆已死,齐襄王时而荀卿最为老师。齐尚修列大夫之缺而荀卿三为祭酒。齐人谗荀卿,荀卿乃适楚,而春申君以为兰陵令。春申君死而荀卿废,因家兰陵。李斯尝为弟子,已而相秦。荀卿嫉世之政,……于是推儒墨道德之行事兴坏,序列数万言而卒,因葬兰陵。

假使荀子还及见李斯为秦相,而李斯为相上距春申君之死已十八年,距齐湣王之死已六十四年,他五十始来齐,又假定在齐湣王末年，这时他已经百一十多岁了。然而问题还不止此，刘向《叙录》及《风俗通义·穷通》篇全说他于齐威、宣时游学于齐，假定在威王末年，宣王初年，又多出二十年左右，年龄更大了，到一百三十多岁，是稀有的年寿。因此就有人说他年十五游齐，《风俗通义·穷通》篇及《玉篇》百三十一引刘向《叙录》全说"年十五始来游学"。但"始"字在这地方说，有"迟滞"的意思，"十五"而言迟，是讲不通的，还应当是五十。到齐国时也应是齐宣王时，最早赶上宣王的末年，没有赶上威王。他的下限也不能见到李斯为相，因为《史记》也只是说"李斯尝为弟子，已而相秦"，并没有说荀卿看到他相秦。《史记·李斯列传》和《荀子·议兵》篇所记荀子和李斯的谈话，前者是入秦以前的事，后者没有年代的标记，不能说明曾见到李斯为相。就是这样他已经老寿了，不过还是合乎情理的。今列简表如下：

公元前二八五年	齐湣王十六年，荀子五十岁始游于齐。
公元前二六七年	赵孝成王立，荀子与临武君议兵孝成王前当在本年后。
公元前二五五年	荀子已八十岁左右，仕楚为兰陵令。
公元前二三八年	春申君死，荀卿废，时已九十余。

（参考梁启雄《荀子简释·荀子行历系年表》）

二、"天论"与"性恶"

关于荀子的评论,在历史上有两种相反的论调,从唐朝韩愈开始以为荀子是"大醇小疵",到宋朝,理学家兴,批评荀子的越发多了,主要因为他主张性恶。在现代冯友兰先生的《中国哲学史》已经说"其用力甚勤,学问极博"(见《中国哲学史》第一篇,第十二章《荀子及儒家中之荀学》),而郭沫若先生对于他更有充分的估计说"荀子是先秦诸子中最后一位大师,他不仅集了儒家的大成,而且可以说是集了百家的大成的"(见《十批判书·荀子的批判》)。这两种说法有相通的地方,全指出荀子学问的渊博。这是大家全可以看得出来的,也就因为这一点,他才未免"大醇小疵",在他的思想体系中,因为杂糅过多,就有不能协调的地方;当然这也无害其为先秦思想界的大师。

关于"天"的问题,荀子实在没有做最后肯定,因为这是没法肯定的,先秦诸子许多人的精力消耗在关于"天"的追究中,荀子果决地提出来:

> 唯圣人为不求知天!(《天论》)

因为"大天而思之"是不会有实际效果的,他说:

> 大天而思之,孰与物畜而制之;从天而颂之,孰与制天命而用之。(《天论》)

不必把天当作一个不可捉摸的对象而加以捉摸,把它当作物来制裁,可以为人所利用;为什么不这样做呢?他又说:

> 君子……其于天地万物也,不务说其所以然而致善用其材。(《君道》)

君子的意义等于圣人,圣人本来是不求知天的,这也叫作"学有所止",荀子说:

> 凡以知,人之性也;可以知,物之理也。以可以知人之性,求可以知物之理,而无所疑止之,则没世穷年不能遍也。……故学也者,固学止之也。(《解蔽》)

不求知天而利用天,是荀子的基本态度,这也是一种科学的态度,在当时的科学水平来说,天是没法究诘的。超出这个极限，有的就流于诡辩，如先秦名家之所为；有的就变作宗教，如儒家的思孟学派。他又说：

> 列星随旋，日月递炤，四时代御，阴阳大化，风雨博施，万物各得其和以生，各得其养以成。不见其事而见其功，夫是之谓神；皆知其所以成，莫知其无形，夫是之谓天。（《天论》）

日月星辰旋转出没，阴阳四时大化流行，万物得以和养生长而构成一个物质世界。在这个世界的生成中，只能看到它的结果而看不到它的过程，也看不到使它成长的原因。这过程和原因，荀子说就是"神"和"天"；这神天不是有人格有意志的神天，不是宗教上的神天，是一种自然的演变过程，有了这种自然的演变，也就是"天职既立，天功既成"，于是：

> 形具而神生。（《天论》）

这是一句带有根本性的言论，形是物质，杨倞注："形谓百骸九窍"，而神是精神，这是唯物主义的议论，他一再有类似的提法，比如：

> 物类之起，必有所始，……肉腐出虫，鱼枯生蠹，……积土成山，风雨兴焉；积水成渊，蛟龙生焉；积善成德，而神明自得，圣心备焉。（《劝学》）

这些说法当然还有问题，但他并没有把物类的开始神秘化，给它们一个平凡的解释，而总的原则是由物生物。因为具体的条件不同，他又把所有物类分作四种：一种是水火等自然物质"有气而无生"；一种是草木等植物"有生而无知"；一种是禽兽动物"有知而无义"；一种是人类"有气、有生、有知、亦且有义"。（《荀子·王制》）在当时来说这是最科学的分类了，荀子有着严密的逻辑系统，又富于分析和综合的力量，在科学的修养上也是突出的人物，因此他对于传统的迷信，时人最为恐惧的自然灾变，给一个较为合情合理的解释，《天论》篇记载一段话道：

> 星队（坠），木鸣，国人皆恐。曰：是何也？曰：无何也，是天地之变，阴阳之化，物之罕至者也。怪之可也，而畏之非也。夫日月之有蚀，风雨之不时，怪星之党见，是无世而不常有之。上明而政平，则是虽并世起，无伤也；上暗而政险，则是虽无一至者，无益也。

这种议论，现在看起来当然平常，然而在两千年前这却是惊人的论调。假使我们熟习西汉历史的话，会知道当时思想界对于灾变的看法如何，那还是晚于荀子一二百年以后的情况。因此他对于给自然现象以不自然解释的五行学派加以猛烈的攻击，他说：

> 略法先王而不知其统，犹然而材剧志大，闻见杂博。案往旧造说，谓之五行。甚僻违而无类，幽隐而无说，闭约而无解。案饰其辞而祇敬之，曰：此真先君子之言也。子思唱之，孟轲和之，世俗之沟犹瞀儒，嚾嚾然不知其所非也，遂受而传之，以为仲尼、子游为兹厚于后世，是则子思、孟轲之罪也。（《非十二子》）

子思、孟轲的确是把五行学说唯心化了的人，他们是"天人之学"的祖师，是儒家宗教化的开端，对于自然现象大惊小怪的也是他们。荀子说他们做出罪过，这是猛烈的攻击，但不是无的放矢。荀子以为真正值得我们畏惧的不是天变而是人祅，他说：

> 物之已至者，人祅则可畏也；楛耕伤稼，耘耨失薉，

> 政险失民，田薉稼恶，籴贵民饥，道路有死人；夫是之谓人祅。政令不明，举错不时，本事不理；夫是之谓人祅。礼义不修，内外无别，男女淫乱，则父子相疑，上下乖离，寇难并至，夫是之谓人祅；祅是生于乱。三者错，无安国；其说甚尔，其菑甚惨。（《天论》）

这是大家全知道的浅近道理，但少有人注意到它造成灾害的惨痛。而天然灾变，如星坠、木鸣等事，对于人们没有影响，可以不必注意，荀子说：

> 无用之辩，不急之察，弃而不治。（《天论》）

这和他的学有所止的说法相通，不能说这是荀子对于天的屈服，前面说过，他要把"天"物畜起来，他要做天地的主人。不求知天只是避免走入歧途法门：一方面避免走上思孟的神秘道路；一方面避免走入名家的诡辩途径。要做天地主人的方法是什么呢？他说：

> 天职既立，天功既成，形具而神生，好恶喜怒哀乐臧焉，夫是之谓天情。耳目鼻口形能各有接而不相能也，夫是之

谓天官。心居中虚，以治五官，夫是之谓天君。财非其类，以养其类，夫是之谓天养。顺其类者谓之福，逆其类者谓之祸，夫是之谓天政。暗其天君，乱其天官，弃其天养，逆其天政，背其天情，以丧天功，夫是之谓大凶。圣人清其天君，正其天官，备其天养，顺其天政，养其天情，以全其天功；如是，则知其所为，知其所不为矣；则天地官而万物役矣。（《天论》）

通过自然演变过程，万物各得其生，各得其长，这是天的职责。（《荀子·天论》："不为而成，不求而得，夫是之谓天职。"）天既然完成了它的职责，人类也就有了性质，有了精神，有了喜怒哀乐等各种感情。这可以称为"天情"。人们的耳目口鼻各有功能而不可互相代替，这是天官。有天官而没有"心居中虚"，是没有主宰的，所以必须有"天君"。用不同的物类相奉养，这是天养。遵循着这种道理来做就会得福；否则得祸；这是天政。把所有这些道理全违背了会有大凶。圣人按着这种道理去做，成全了天的职责，他会知道做些什么和不做些什么，结果天地将臣服于人而万物也将为人所役使。这样虽不求知天，"夫是之谓知天"（《荀子·天论》）。

人在天地间做主人，一般是近代思想史中的概念，在古代，两千二百年前，有这种思想，实在是荀子的特殊成就。孔子没有这种思想，因为在他的头上还有一个朦胧的上帝；孟子没有这种思想，他要把天和人结合在一起；老子没有这种思想，他在天的面前是退缩的；墨子虽然强调了人的地位，但还安置了一个木偶的上帝。只有荀子在不求知天的旗帜下却否定了天，强调了人，人是宇宙间的主人，是荀子的发现，这是实事求是的精神，是唯物的思想家的贡献。但他究竟是"大醇小疵"的，在他的思想体系中夹杂着唯心的成分。在一些地方他谈到"心"和"道"的突出地位问题：

> 心者，形之君也而神明之主也，出令而无所受令。（《解蔽》）
> 心也者，道之主宰也。（《正名》，原文作"心也者，道之工宰也"，王懋竑曰："'工'为'主'字之误。"）

本来说"形具而神生"是唯物的提法；这里他却说心是形的主宰，反客为主了，很容易理解为唯心的主张。结合着心是"道之主宰"的议论，而大道者：

> 所以变化遂成万物也。（《哀公》）

心更可以理解为万物的主宰了。因为他夹杂着唯心的议论，在有关于天地万物变化的理论上，"他有时也蹈袭着子思孟轲的说法，称之为'诚'"（见郭沫若先生《十批判书·荀子的批判》）。

> 君子养心莫善于诚，致诚则无它事矣；惟仁之为守，惟义之为行。诚心守仁则形，形则神，神则能化矣。诚心行义则理，理则明，明则能变矣；变化代兴，谓之天德。天不言而人推其高焉，地不言而人推其厚焉，四时不言而百姓期焉；夫此有常，以至其诚者也。……天地为大矣，不诚则不能化万物；圣人为知矣，不诚则不能化万民；父子为亲矣，不诚则疏；君上为尊矣，不诚则卑。夫诚者，君子之所守也，而政事之本也。（《不苟》）

思孟学派认为"诚"是万物生长的根源和动力，"不诚"则"无物"。荀子也有"天地为大矣，不诚则不能化万物"的说法；这是他和思孟学派相通的地方，所以郭沫若先生说他是"蹈袭着子思孟轲的说法"。但他们究竟还有区别，思孟学派之所谓"诚"，是美的一个提法，他们说"充实之谓美"，充实也就是诚。而"诚"又是性善说的一个理论根据，天地本来是"诚"的,所以人性也是善的。假使天地不诚,人性不诚,也就无性善之可言。而荀子与此相反,他主张性恶说,他不以为"诚"是先天的存在,"诚"只是道德情操,必须诚才能够如何;不是说本来是诚,所以才如何如何。这"本来是"和"必须是"是思孟学派和荀子学派对于"诚"的提法的不同,因而对于人性的学说他们也就有相反的说法。这里面当然有没有解决的所在。"诚"是不是天地所固有?如何来证明是否固有的问题?在荀子来说这不成问题的,因为他是不求知天的。

荀子并没有把"天"和"性"结合在一起,天地生万物是天性之自然,不能因此而谓天之性善;人生而有欲,"生而有好利焉……;生而有疾恶焉……;生而有耳目之欲有好声色焉,……"(《性恶》)。所以人之性恶;在人的原始的材料上人本来就是性恶的,他说:

> 所谓性善者,不离其朴而美之,不离其资而利之也;使夫资朴之于美,心意之于善,若夫可以见之明不离目,可以听之聪不离耳。故曰:目明而耳聪也。今人之性,饥而欲饱,寒而欲暖,劳而欲休,此人之情性也。今人见长而不敢先食者,将有所让也;劳而不敢求息者,将有所代

也。夫子之让乎父，弟子让乎兄；子之代乎父，弟之代乎兄；此二行者皆反于性而悖于情也，然而孝子之道，礼义之文理也。故顺情性则不辞让矣，辞让则悖于情性矣。用此观之，人之性恶明矣，其善者伪也。（《性恶》）

人们的"本始材朴"的性，如果说是性善，必须说"本始材朴"就是善，好像有眼能见、有耳能听一样，本来"目明耳聪"是不可分割的语句，但我们不能说"原始材朴"是善。因为人们全有欲望，要吃要穿要休息，有时有辞让的表现也是人情的不得已。不过饥而欲食，寒而欲暖，劳而欲休，是人生的自然要求，为什么说是过恶？问题还不止此，他说：

> 今人之性，生而有好利焉，顺是，故争夺生而辞让亡焉；生而有疾恶焉，顺是，故残贼生而忠信亡焉；生而有耳目之欲有好声色焉，顺是，故淫乱生而礼义文理亡焉。然则从人之性，顺人之情，必出于争夺，合于犯分乱理而归于暴。……用此观之，人之性恶明矣，其善者伪也。（《性恶》）

人生而好利，疾恶，淫乱，所以说人性是恶的。"性之好恶喜怒哀乐，谓之性"，情更是恶的：

> 夫人之情，目欲綦色，耳欲綦声，口欲綦味，鼻欲綦臭，心欲綦佚；此五綦者，人情之所必不免也。（《王霸》）

既然人性本恶，如何才能化恶为善，他说只有去掉这人性中的恶端：

> 孟子曰："今人之性善，将皆失丧其性故也。"曰，若是则过矣；今人之性，生而离其朴，离其资，必失而丧之。用此观之，然则人之性恶明矣。（《性恶》）

这段文字交代不够清楚，他的意思是说，孟子以为人性本善，所以不善，是丧失了本性的缘故。荀子以为不然，他以为人性本恶，必须远离开这种朴，这种资，也必须丧失人的本性才好，用另外一句话来说，就是：

> 长迁而不反其初，用化矣。（《不苟》）

孟子主张收其"放心"，而荀子主张"长迁而不反其初"，有什么方法可以使人们离去原来的性，长迁而不反其初？他认为这是后天的教育及修养的问题：

> 尧禹者，非生而具者也，夫起于变故，成乎修修之为，待尽而后备者也。（《荣辱》）

所谓"起于变故，成乎修修之为"，是要我们放弃本性，通过改造而达到完善的地步，他更说：

> 材性知能，君子小人一也。好荣恶辱，好利恶害，是君子小人之所同也，若其所以求之之道则异矣。小人也者，疾为诞而欲人之信己也，疾为诈而欲人之亲己也，禽兽之行而欲人之善己也。……故君子者，信矣，而亦欲人之信己也；忠矣，而亦欲人之亲己也；修正治辨矣，而亦欲人之善己也。……小人莫不延颈举踵而愿曰：知虑材性，固有以贤人矣！夫不知其与己无以异也。则君子注错之当，而小人注错之过也。故熟察小人之知能，足以知其有余，可以为君子之所为也。……是非知能材性然也，是注错习俗之节异也。（《荣辱》）

君子和小人在原始的材性上本来是没有区别的，所以有了区别，是后来教养措置的不同，君子措置得当，而小人不得当；有了不同的措置就有了不同的人格，好像越人安于越地，楚人

安于楚地,而君子安于夏一样。假使每人全措置得当,每人全可以为君子:

> 故熟察小人之知能,足以知其有余可以为君子之所为也。(《荣辱》)

从这方面说,又和孟子人人皆可以为尧舜的主张相同,虽然他们的出发点不同。人人可以为君子,人人可以为禹,而不能人人为君子为禹,是能不能与可不可的问题,不能并不是不可。为什么不能呢?主要因为环境的限制,使人们没有走上君子道路的可能:

> 人无师无法,则其心正其口腹也。今使人生而未尝睹刍豢稻粱也,惟菽藿糟糠之为睹,则以至足为在此也,俄而粲然有秉刍豢稻粱而至者,则瞲然视之曰:此何怪也!彼臭之而无嗛于鼻,尝之而甘于口,食之而安于体,则莫不弃此而取彼矣。今以夫先王之道,仁义之统,以相群居,以相持养,以相藩饰,以相安固耶?以夫桀跖之道?是其为相县也,几直夫刍豢稻粱之县糟糠尔哉!然而人力为此而寡为彼,何也?曰,陋也。陋也者,天下之公患也,人

之大殃大害也。故曰：仁者好告示人，告之示之，靡之儇之，铅之重之，则夫塞者俄且通也，陋者俄且僩也，愚者俄且知也。（《荣辱》）

人之所以不能向善的道路上发展，因为他没有看见善的道路是什么，好像没有吃过稻粱的人，只能安于糟糠；这种情况，荀子称为"陋"。"陋"实在是人们的公患，处在一个孤陋寡闻的世界，没有成为君子的可能，于是仁者对于他们应当进行教育，通过教育使塞者通，愚者知。这也是一种理想，究竟不可能使大家全变成不陋的人，因为知愚能不能之分，在社会上分出等级来。荀子和孟子相同，全是从社会分工上来理解阶级的分划问题。他说：

> 夫贵为天子，富有天下，是人情之所同欲也。然则从人之欲，则势不能容，物不能赡也。故先王案为之制礼义以分之，使有贵贱之等，长幼之差，知愚能不能之分，皆使人载其事而各得其宜，然后使悫禄多少厚薄之称，是夫群居和一之道也。（《荣辱》）

在一个理想的阶级社会内，仁人在位，是统治者，被统治者是陋者居多了，这样他就强调了礼法的作用，从此使儒家和后期法家的思想也就紧密地结合在一起。

三、政治思想

在荀子的理想中，有德者才能在位，社会上的阶级是根据德能的标准划分的：

> 大儒者，天子三公也；小儒者，诸侯大夫士也；众人者，工农商贾也。（《儒效》）

天子三公必须是大儒，因为大儒是"善调一天下者也"（《儒效》）。这是道德和政治的统一，天子和圣人的统一；因有此前提，人君应当是国家的标准：

> 君者，国之隆也；父者，家之隆也。隆一而治，二而乱；自古及今，未有二隆争重而能长久者。（《致士》）

在宗法封建制的国家中，君、父本来有绝对的权威，他们的行动也就是绝对的标准。所以能够维持这种权威和标准，是因为血缘的纽带。当血缘的纽带逐渐瓦解，旧的阶级关系也在分化的时候，需要一种新的权威，新的标准。这新的权威和标准，一不能是血缘关系，二不能由上帝来帮忙，必须有德能，否则是：

> 德不称位，能不称官，赏不当功，罚不当罪，不祥莫大焉。（《正论》）

德之具体条件是礼，而礼者：

> 法之大分，类之纲纪也。故学至乎礼而止矣，夫是之谓道德之极。（《劝学》）

礼是统率人群的尺度，所以荀子又说：

> 礼者，人主之所以为群臣寸尺寻丈检式也。（《儒效》）

人君掌握住这种尺度，有绝对权威，"以善至者待之以礼；以不善至者待之以刑"（《王制》）。这就给中国的专制主义，在思想上开辟了先路，他认出天子应当"居如大神，动如天帝"（《正论》）。韩非、李斯一流的法家从此发展下去，遂促成秦始皇帝、二世皇帝的专制政权出现。当宗法的封建社会解纽以后，宗教上的、血统上的天子失去了统摄力量，在新的大一统的要求下，需要一个中央集权的皇帝，他是一个道德权威，也是政治上的准绳。

礼是从前代传下来的，在这一点上荀子有一个特殊提法，在有些地方，他强调了法后王：

> 言道德之求，不二后王；道过三代谓之荡，法二后王谓之不雅。……百家之说，不及后王，则不听也。夫是之谓君子言有坛宇，行有防表也。（《儒效》）

"道德之求"，有时说成"王者之制"：

> 王者之制，道不过三代，法不二后王；道过三代谓之荡，法二后王谓之不雅。衣服有制，宫室有度，人徒有数，丧祭械用皆有等宜。声，则凡非雅声者举废；色，则凡非旧文者举息；械用，则凡非旧器者举毁；夫是之谓复古，是王者之制也。（《王制》）

全说明了法后王，但他同时说法后王也就是复古。郭沫若先生对此曾经评论道,"他这样的'复古',不很明显的是开倒车吗?有些学者因为他有'法后王'的说法,认为他是有进化的观念,其实完全不是那么一回事。他的所谓'法后王'和孟子的尊先王毫无区别:所谓'先王'者因先于梁惠齐宣故谓之'先',所谓'后王'者因后于神农黄帝故谓之'后'。但孟子的'尊先生'还保着托古改制的用意,如他的耕者有其田的井田制便是绝好的例证。荀子则差不多老老实实地在想复兴'周道'了"(《十批判书·荀子的批判》)。郭先生指出荀子的复古议论,是值得注意的,他公开地提出"非旧文者举息,非旧器者举毁",如果真这样做起来的话,其祸害之惨,将无数倍于秦始皇之焚书坑儒。不过他所谓"古"是有限度的,他一切以周为标准,他完全遵守了"郁郁乎文哉吾从周"的遗训,他认为周是中国文明的代表,过去的文明不可见了,"欲观圣王之迹则于其粲然者矣,后王是也"(《非相》)。仅就"法后王"的口号说,仍然有其进步的意义,这给后来法家之反对复古开辟了道路。最可奇异的是,荀子在这个问题上也是彷徨的,他在更多的地方提倡法先王:

凡言不合先王,不顺礼义,谓之奸;言,虽辩,君子不听。(《非相》)

> 孙卿子曰:"儒者法先王,隆礼义,谨乎臣子而致贵其上者也。"(《儒效》)
>
> 先王之道,仁之隆也。(《儒效》)

下面更把法先王和法后王比较着说道:

> 故有俗人者,有俗儒者,有雅儒者,有大儒者。不学问,无正义,以富利为隆,是俗人者也。逢衣浅带,解果其冠,略法先王而足乱世术,缪学杂举,不知法后王而一制度,不知隆礼义而杀《诗》《书》,……是俗儒者也。法后王,一制度,隆礼义而杀《诗》《书》。其言行已有大法矣,然而明不能齐法教之所不及,闻见之所未至,则知不能类也。知之曰知之,不知曰不知,内不自以诬,外不自以欺,以是尊贤畏法而不敢怠傲,是雅儒者也。法先王,统礼义,一制度,以浅持博,以古持今,以一持万,……倚物怪变,所未尝闻也,所未尝见也,卒然起一方,则举统类而应之,无所儗怎,张法而度之,则晻然若合符节,是大儒者也。(《儒效》)

根据德能的不同,他把人们分作四等:俗人、俗儒、雅儒和大儒。他说俗儒是"略法先王而足乱世术，缪学杂举，不知法后王而一制度"；雅儒是"法后王，一制度，隆礼义而杀《诗》《书》"；大儒是"法先王，统礼义，一制度，以浅持博，以古持今，以一持万"。这里法先王和法后王存在着区别，同是法先王也有大儒和俗儒的不同。他所谓"后王"是指周王，他曾经说，"欲知上世则审周道"（《非相》），而"先王"则指周以前的王朝说。他谈到大儒法先王时要"以古持今"，而和他主张法后王时要"以近知远"（《非相》）的说法是相反的。他似乎把"法后王"当作一个实际可行的制度，而"法先王"是一种理想；至于"略法先王"则二者全非了，那只是形似。虽然可以做这样的区别，在政治制度的描绘上，荀子的说法实在同于孟子：

> 王者之法，等赋，政事，财万物，所以养万民也。田野什一，关市讥而不征，山林泽梁，以时禁发而不税。相地而衰政，理道之远近而致贡，通流财物粟米，无有滞留，使相归移也。四海之内若一家。故近者不隐其能，远者不疾其劳，无幽闲隐僻之国，莫不趋使而安乐之。夫是之谓人师，是王者之法也。（《王制》）

又：

> 关市讥而不征，质律禁止而不偏，如是则商贾莫不敦悫而无诈矣。百工将时斩伐，佻其期日，而利其巧任，如是则百工莫不忠信而不楛矣。县鄙则将轻田野之税，省刀布之敛，罕举力役，无夺农时，如是则农夫莫不朴力而寡能矣。（《王霸》）

又：

> 不富无以养民情，不教无以理民性。故家五亩宅、百亩田，务其业而勿夺其时，所以富之也。立大学，设庠序，修六礼，明七教，所以道之也。《诗》曰："饮之食之，教之诲之。"王事具矣。（《大略》）

这些办法和主张的主要部分，如宅五亩、田百亩，无夺农时，关市几而不征，山林泽梁以时禁发等，可以在孟子的政治思想中找到，在孟子说这是"先王之法"，而荀子则认为这是"后王之制"。所以荀子口中的先王和后王并没有绝对标准，当他谈到实际的政治经济制度时，就说是后王之制；当他谈到一个理想的社会，并没有什么具体办法的时候，就说是这是先王之法。先王之法是容易被人假借的，大儒可以托古于先王，陋儒也可以说效法先王，但陋儒实在心中无谱，而杂学旁收，至多是"略法先王"，他严厉批判子思、孟子时候也是说他们"略法先王而不知其统"。事实上大儒，连荀子在内，也没有方法详法先王而知其统。荀子在有些地方实在接受了孟子的一些影响，不过他不肯承认，五亩之宅、百亩之田，也就是孟子的井田制度，但他矢口否认这是先王之制而说是后王之法。究竟时代不同了，荀子的政治主张中也有新的见解，这里面大一统的思想更加显明了，他主张"四海之内若一家"。这种思想在儒家的公羊学派最为显著，公羊学一方面有朦胧的法后王，同时有显著的大一统的思想，这两种提法正好和荀子的思想相当，所以我们说公羊出于荀子学派。他们把大一统的共主说成天神般的权威，但是一个不必亲政的无为者，他说：

故治国有道，人主有职。若夫贯日而治详，一日而曲列之，是所使夫百吏官人为也，不足以是伤游玩安燕之乐。若夫论一相以兼率之，使臣下百吏莫不宿道乡方而务，是夫人主之职也，若是则一天下，名配尧禹。之主者，守至约而详，事至佚而功，垂衣裳，不下簟席之上，而海内之人莫不愿得以为帝王。夫是之谓至约,乐莫大焉。

　　人主者,以官人为能者也;匹夫者,以自能为能者也。……大有天下,小有一国,必自为之然后可,则劳苦耗悴莫甚焉;如是,则虽臧获不肯与天子易執业。以是县天下,一四海,何故必自为之?为之者,役夫之道也,墨子之说也。论德使能而官施之者,圣王之道也,儒之所谨守也。传曰:农分田而耕,贾分货而贩,百工分事而劝,士大夫分职而听,建国诸侯之君分土而守,三公总方而议;则天子共己而已矣!(《王霸》)

他认为天子可以"守至约而详",掌握住原则,使百官分工,垂衣裳而天下治,若事必躬亲,如役夫所为,是墨家之道,不是儒家之道。儒家之道的天子,可以共己无为。但他们必须有权,威如天神,不然就是木偶了。后来韩非对于秦二世的建议,也是合乎这种精神的,二世说:

　　……夫所贵于有天下者,岂欲苦形劳神,身处逆旅之宿,口食监门之养,手持臣虏之作哉;此不肖人之所勉也,非贤者之所务也。彼贤人之有天下也,专用天下适己而已矣。(《史记·李斯列传》)

这一段话也见于《史记·秦始皇本纪》，文字稍有不同，其中有"凡所为贵有天下者，得肆意极欲，主重明法，下不敢为非，以制御海内矣"。两段话的精神和荀子的主张相对照，有可以符合的地方，天子应当共己以听，不必亲于庶政。赵高对于二世的建议："天子所以贵者，但以闻声，群臣莫得见其面，故号曰'朕'。且陛下富于春秋，未必尽通诸事，今坐朝廷，谴举有不当者，则见短于大臣，非所以示神明于天下也。且陛下深拱禁中，与臣及侍中习法者待事，事来有以揆之。如此则大臣不敢奏疑事，天下称圣主矣！"（《史记·李斯列传》）也是荀子和韩非的精神，其中虽然夹杂有欺骗的意味，但还是劝二世"共己无为"。荀子以后法家的无为和老庄学派的无为有着区别，但全称无为，当然有其相通的地方。韩非把老子思想结合到法家体系内，不是没有原因的。

荀子和孟子的政治主张还有相似处，他们全强调社会分工，因为分工的不同而有阶级的分化：

> 夫贵为天子，富有天下，是人情之所同欲也。然则从人之欲，则势不能容，物不能赡也。故先王案为之制礼义以分之，使有贵贱之等，长幼之差，知愚能不能之分，皆使人载其事而各得其宜，然后使悫禄多少厚薄之称，是夫群居和一

之道也。……故或禄天下而不自以为多，或监门御旅，抱关击柝，而不自以为寡。……夫是之谓人伦。(《荣辱》)

人们的欲望无穷，而物质的配备有限，必须分出贵贱等级来，使各安其分，各得其一。等级的划分根据德能的大小，"贤能不待次而举，罢不能不待须而废"(《王制》)。这说明了一个新的情况，旧的宗法社会的阶级秩序瓦解了，旧的人伦不适于新的要求了，贵贱的划分不复以旧的血缘为基础，荀子提出以德能为社会等级的标准。自战国开始尚贤说法的提出，全是由此前提出发，荀子更突出地明确这一点：

我欲贱而贵，愚而智，贫而富，可乎？曰：其唯学乎！……乡也，混然涂之人也，俄而并乎尧禹，岂不贱而贵矣哉！……故君子无爵而贵，无禄而富，不言而信，不怒而威，穷处而荣，独居而乐，岂不至尊至富至重至严之情举积此哉！(《儒效》)

只有学才能改变身份地位，因为通过学可以提高个人的德能，而德可以役力。荀子也曾经说："故曰，君子以德，小人以力；力者，德之役也。"《左传·襄公九年》《国语·鲁语》

也有类似的话，说明这是春秋战国时代一种统治思潮，不能独怪哪一位思想家，孟子所谓"劳心者治人，劳力者治于人"也是这种情况下的产物。

四、"知"和"行"

如何求知，荀子注重在学，通过学可以改变自己的地位，而首先在于提高自己的德能，他说：

> 吾尝终日而思矣，不如须臾之所学也；吾尝跂而望矣，不如登高之博见也。（《劝学》）

思不如学，望不如见。而在学的活动中尤注意行：

> 不闻不若闻之，闻之不若见之，见之不若知之，知之不若行之。学至于行之而止矣。行之，明也，明之为圣人。圣人也者，本仁义，当是非；齐言行，不失毫厘，无它道焉，已乎行之矣。（《儒效》）

必须行其所学，才能够分辨是非，整齐言行，否则知之而不行，一定会遭遇困难。因为荀子注重实践，他也是提倡吃苦在先的人：

> 体恭敬而心忠信，术礼义而情爱人，横行天下，虽困四夷，人莫不贵。劳苦之事则争先，饶乐之事则能让，端悫诚信，拘守而详；横行天下，虽困四夷，人莫不任。……劳苦之事则偷儒转脱，饶乐之事则佞兑而不曲……，横行天下，虽达四方，人莫不弃。（《修身》）

劳苦之事虽不一定是体力劳动，但体力劳动应当是主要部分，提倡实践的人，也不会是轻视体力劳动的人。不过这种说法又和他的"力者，德之役也"的说法矛盾。

实践固然是求得知识的路径，然而当时是百家竞起，莫衷一是的时代，正如荀子所说：

> 今圣王没，名守慢，奇辞起，名实乱，是非之形不明，则虽守法之吏，诵数之儒，亦皆乱也。（《正名》）

"奇辞起，名实乱"是新时代的反映，与圣王之没不没无关，新的事物多起来，新的现象也多起来，旧的名词不足以名新事物，或者是旧的名词还代表着新事物，这样就会有新的名词出现,而"奇辞起,名实乱"的现象也是必然的。这种现象的反映,就有先秦名学的出现。名学的出现本意在正名,但各家是其所是而非其所非,以政治丝愈纷,先秦思想家在幻想着圣王兴起,名定而实辨。《礼记·王制》:"析言破律,乱名改作,执左道以乱政,杀。"更把乱名改作提高到政治水平,认为这不仅是学术问题了。

荀子主张在名实的分辨上应当先立标准,他说:

> 子宋子曰:"见侮不辱。"应之曰:凡议,必将立隆正,然后可也。无隆正则是非不分而辨讼不决。故所闻曰:"天下之大隆,是非之封界,分职名象之所起,王制是也。"(《正论》)

"隆正"也就是原则或者是标准,没有原则和标准,也就没有方法可以明辨是非,所以宋子可以说"见侮不辱"。什么是标准呢?"王制"。"王制"应当是天下的隆正,他以为天下的现象不外是非二者。什么叫作是?什么叫作非?"谓合王制与不合王制也"(《解蔽》)。更具体的话"王制"又是什么?是礼。他说:

> 礼者,法之大分,类之纲纪也。故学至乎礼而止矣,夫是之谓道德之极。(《劝学》)

在荀子的名学中也很注意到"类"的问题,他认出"类"可以"行杂",也就是说可以用类来调理纷纭复杂的现象(《王制》:"以类行杂?"),那么"类"也就是系统或者是体系,而礼更是"类"之纲纪,是更高一级的类,它可以调理"类"所不能调理的现象,所以说:

> 礼之理诚深矣,"坚白""同异"之察,入焉而溺;其理诚大矣,擅作典制辟陋之说,入焉而丧;其理诚高矣,暴慢恣睢轻俗以为高之属,入焉而队。……君子审于礼,则不可欺以诈伪。(《礼论》)

任何奇辞陋典和暴慢的风俗,用礼来调理的话,全可以化有为无,使不合理的现象合理,因此,礼之理诚深、诚大、诚高,而学者的目标也在于学礼,他又说:

> 礼者,人道之极也。然而不法礼,不足礼,谓之无方之民;法礼,足礼,谓之有方之士。礼之中焉能思索,谓

之能虑；礼之中焉能勿易，谓之能固。能虑能固，加好之者焉，斯圣人矣。故天者，高之极也；地者，下之极也；无穷者，广之极也；圣人者，道之极也。故学者，固学为圣人也，非特学无方之民也。(《礼论》)

礼是人道的最高标准，而圣人制礼，所以学有所止，也是止于圣人（参考《解蔽》）；止于圣人也是止于学礼：

学恶乎始，恶乎终？曰：其数则始乎诵经，终乎读礼；其义则始乎为士，终乎为圣人。(《劝学》)

通过学礼可以掌握明辨是非的原则，而通过实践可以求得正确知识。正如我们曾经指出，在荀子的思想体系中还安排着一个"道"，通过什么方法可以知"道"？他说要"虚壹而静"（《解蔽》）。什么是"虚"？"不以所已臧害所将受谓之虚"。什么是"静"？"不以梦剧乱知谓之静"。前一句话要我们不要自满，要虚心接受新的东西；后一句话依冯友兰先生的解释是"不使胡思乱想妨碍知谋"（见《中国哲学史》第一篇，第十二章《荀子及儒家中之荀学》）。就名词上看和老庄的提法相同，而实际涵义有所不同。究竟荀子的"道"的意义不是可以捉摸的事物,"虚壹而静"的方法和他的注重实践及学有所止的方法是结合不起来的,是荀子方法论中的赘瘤。

五、小结

荀子是一个杂糅儒家、法家和老庄学派思想的思想家,是古代思想界中集大成的人物,同时也就是一个驳杂而不纯的人物。当然他的主要方面还是一个儒家,但不是唯心派的儒家,他没有对于"天"作过分的追求,以致流入神学泥淖中,或者是坠入烦琐的名辩中。他说要把天"物畜"起来,关于"物"的起源,他也有由物生物的唯物解释。他反对唯心的五行说,也没有为自然的灾变所吓倒,他说"天"是自然,人是天地间的主人。不过他安插了一个没有地方安插的"道";同时他也谈"诚";这些全使荀子具有唯心的色彩。

他主张性恶,认为人们的原始素材是恶的而不是善的,打算化恶为善需要加工,需要作伪的功夫,孟子要求我们"求其放心",他则要求我们越放越好。在这方面荀子也不是没有漏洞,他说人生而有义,这也不是可以解作性善吗?除非他另有解释。

在政治思想上他主张有德者在上位,他又主张法后王,法后王也就是法周;同时也没有放弃法先王,这是一种理想,陋儒为之变作空谈而误国。在先后王的效法上他也有些摇摆不定。通过他对于理想的政治经济制度的说明,他的说法实在和孟子相近,他也是希望恢复井田制的。和老庄学派以至后来的法家相同,他认为天子应当"共己无为",他应当有无上权威,但不必亲自操劳。

在知行的问题上,他认为只有通过行才能求得正确的知识;他主张应当有一个分辨是非的标准,学也是要求学到这种标准。标准是什么?是礼。而圣人制礼,学为圣人也是学有所止。通过礼可以掌握明辨是非的原则,通过行可以求得正确的知识。但他也说通过"虚壹而静"的方法,可以知"道";和他的"道"的地位一样,"虚壹而静"的方法也形成赘瘤,不能起什么作用。

先秦诸子

第一节 墨子的思想与墨者集团

一、墨子的身世

关于墨子的国别和年代①全曾经有过争论,他的原籍是宋国,后来长时期住在鲁国。宋国有墨台氏,《通志·氏族略》引《元和姓纂》曾经说:

> 墨氏……本墨台氏,后改为墨氏……战国时,宋人墨翟著书号《墨子》。

---

① 《史记·孟轲荀卿列传》云,"或曰,并孔子时;或曰,在其后"。又《汉书·艺文志》说墨子在孔子后。又《后汉书·张衡传》云,"公输班与墨翟并当子思时,出孔子后"。孙诒让的《墨子年表》也说,"墨子当与子思并时,而生年尚在其后,当生于周定王之初年而卒于安王之季,盖八九十岁,亦寿考矣"。与时人所考,亦不相远。

这一种说法很有道理，一直到南北朝时还有姓墨台者。《史记·殷本纪》记载殷后有目夷氏，《广韵》"夷"字注，以为是宋公子目夷后，"目夷"也作"墨夷"，"翟"与"夷"古音可以通假，颇疑"墨翟"即"目夷"之别写。《史记·孟荀列传》也曾经说：

> 墨翟，宋之大夫。

也许是没落的大夫，所以他的学说曾被目为"贱人"的学说，《墨子·贵义》篇说：

> 子墨子南游于楚，见楚惠王。献书，惠王受而读之曰，"良书也。"不用，以老辞。穆贺见子墨子，子墨子说穆贺；穆贺大说，谓子墨子曰："子之言则诚善矣，而君王，天下之大王也，毋乃曰'贱人'之所为而不用乎？"

楚王因为是"贱人之所为"而不用，那么墨子是被看作"贱人"了。在《墨子》中"贱人"和"君子"是对立的两个阶级，一个治于人，一个治人；一个"从事"，一个"听治"，《非乐上》有这样的话：

> 是故子墨子曰:"为乐非也,……与君子听之,废君子听治;与贱人听之,废贱人之从事。"

"耕稼树艺"和"纺绩织纴"全属于"从事"的范围。这"听治"的君子也可以称作在上的人,"从事"的贱人,也可以称作在下的人,《墨子·公孟》有:

> 又以命为有,贫富寿夭,治乱安危,有极矣,不可损益也。为上者行之,必不听治矣,为下者行之,必不从事矣。

墨家实在是一个不脱离劳动生产的集团,他们提倡没有人不参加劳动的社会,《庄子·天下》篇说:

> 墨子称道曰:"昔者禹之湮洪水决江河而通四夷九州也,名川三百,支川三千,小者无数。禹亲自操橐耜而九杂天下之川;腓无胈,胫无毛,沐甚雨,栉疾风,置万国。禹大圣也,而形劳天下也如此。使后世之墨者;多以裘褐为衣,以跂蹻为服,日夜不休,以自苦为极。曰,不能如此,非禹之道也,不足谓墨。"

因此，墨家本身是参加劳动的，他们对于不事生产的"君子"有着普遍的非难，认为他们徒托空言，知小而不知大，如云：

> 而今天下之士君子，居处言语皆尚贤，逮至其临众发政而治民，莫知尚贤而使能，我以此知天下之士君子，明于小而不明于大也。（《尚贤下》）

又：

> 今天下之士君子之书，不可胜载，言语不可尽计，上说诸侯，下说列士，其于仁义，则大相远也。（《天志上》）

因为他们参加劳动，他们是"贱人"，这和儒家所谓"小人"的地位相近，赵纪彬教授对此曾经有过分析道：

> 墨家虽未尝以"小人"自称，但与《论语》所说"小人"，则颇多相同之点。此等客观符合的条件，实不容忽视，兹为简明起见，列表对照如次：

喻于利	狎大人	不知天命而不畏	学稼学圃——劳力	《论语》所说小人
极端功利主义	将王公大人士君子作为一类而批评之	非命	赖其力者生，不赖其力者不生	墨家言行主张

> 此外，"君子"崇敬礼乐，墨家非礼非乐；"君子"述而不作，墨家循而且作；君子古言古服，墨家摩顶放踵。《贵义》篇载穆贺说墨子的主张是"贱人之所为"，《荀子》的《王霸》篇斥墨子的学说是"役夫之道"；而"贱人"与"役夫"也均和"小人"的含义相近。总此种种证据，我们就有理由认墨家是"小人"学派。（《古代儒家哲学批判》）

这种说法是正确的，虽然他的"小人"的含义和我们的了解还有出入，但这属于次于"君子"而贵于"民"的一个等级则没有疑义。

墨者有自己的集团，有他们自己的首领和法律，他们的首领叫作"巨子"，《庄子·天下》篇说：

> 以巨子为圣人，皆愿为之尸，冀得为其后世。

弟子对于巨子是要绝对服从的，《淮南子·泰族训》说：

> 墨子服役者百八十人，皆可使赴火蹈刃，死不旋踵。

《吕氏春秋·去私》篇更说明他们的法令之严，如：

> 墨者有巨子腹䵍居秦，其子杀人。秦惠王曰："先生之年长矣，非有它子也，寡人已令吏弗诛矣。先生之以此听寡人也。"腹䵍对曰："墨者之法曰，'杀人者死，伤人者刑'，此所以禁杀伤人也。夫禁杀伤人者，天下之大义也，王虽为之赐，而令吏弗诛，腹䵍不可不行墨者之法。"不许惠王而遂杀之。

这是有组织有法纪的坚固团体，然而在战国以后，他们并没有传下来，由显学变成绝学。究竟他们是一个属于劳动人民的学派，而这个阶层在当时处在分化的阶段，上升者变为贵族的附庸，下落者变为农奴。当他们还参加劳动，和劳动人民有着广泛联系的时候，他们站在劳动人民的立场发言，是一个有生命有基础的学派。但其中的许多人变质了，变成贵族的附庸，不属于劳动人民的学派了。他们脱离了自己的阶级，所以也就没有发展前途。《吕氏春秋》中的两段故事，全可以说明这种事实：

> 墨者有田鸠欲见秦惠王，留秦三年而弗得见，客有言之于楚王者，往见楚王，楚王说之，与将军之节以如秦。至，因见惠王，告人曰："之秦之道乃之楚乎？"固有近之而远，远之而近者。（《首时》）

又：

> 东方之墨者谢子将西见秦惠王，惠王问秦之墨者唐姑果，唐姑果恐王之亲谢子贤于己也，对曰："谢子东方之辩士也，其为人甚险，将奋于说以取少主也。"（《去宥》）

这些行为和作风与墨子不相类，完全是战国时代的游士作风，他们脱离了人民，人民也就忘掉了他们！

二、墨子的宗教思想

墨子的时代正是变动剧烈的时代，旧的等级秩序已经崩溃，任何维持旧秩序的企图都无效了，社会各阶级间的关系有了新的变化，儒家在产生新的学说，墨子更有不同于儒家的思想内容。

墨子是一个有神论者，他对于上帝和鬼神的看法和儒家不同，和战国时其他学派也不相同，关于这一点时人对墨子颇有不同的评价。郭沫若先生以为孔子否定传统的鬼神，而墨子则坚决地肯定传统的鬼神，认为它们有意志有作用，主宰着自然界和人事界的一切。而墨子之所谓天志，即天老爷的意思。天老爷的存在是地上王的投影。大奴隶主成为地上的统治者，发挥着无上的王权，他为巩固这王权，让人不敢侵犯，除掉有形的赏罚以支配人的肉体之外，还要造出无形的赏罚来支配人的精神（参看《十批判书·孔墨的批判》）。吕振羽先生则以为墨子"天"意的基本方向是"欲人之兼相爱交相利"。然而他怎样知道"天"有这种意志呢？实际他不过以自己的意志托述为"天"的意志来说明；所以墨翟谓其自己的意志，是完全符合着"天"的意志的，这样，他自己便无异握有"天"的意志的权能，品定人类的生活是否合乎天意。在这里墨翟从其生活实践上，获得对农民阶级意识之特殊的认识，因而不能不借宗教运动去推动其政治运动，他便把自己扮演为一个宗教领袖的姿态而出现（参考《中国政治思想史》）。

这是相反的两种说法：一是否定，一是肯定。我们想，这种或是肯定或是否定的意见，全不能说明墨子的宗教信仰的全貌，两种意见全是强调了其中的某一点，而漏掉了另外一点。墨子的"天"实在是一个有意志有人格的上帝，他可以赏善罚恶，成为地上的统治者，发挥着无上的王权，墨子曾经说：

> 昔三代圣王，禹汤文武，此顺天意而得赏也；昔三代之暴王，桀纣幽厉，此反天意而得罚者也。然则禹汤文武，其得赏何以也？子墨子言曰："其事上尊天，中事鬼神，下爱人，故天意曰，'此之我所爱，兼而爱之；我所利，兼而利之……'故使贵为天子，富有天下……至今称之，谓之圣王。"然则桀纣幽厉，得其罚何以也？子墨子言曰："其事上诟天，中诟鬼，下贼人，故天意曰，'此之我所爱，别而恶之，我所利，交而贼之……'故使不得终其寿，不殁其世，至今毁之，谓之暴王。"（《天志上》）

天有喜怒有赏罚，而且天子也难免于此，这的确是地上的最高统治者，郭沫若先生的话是有根据的。但吕振羽先生的主张也有他的论据，因为《墨子》中还有这些话：

> 爱人利人者，天必福之；恶人贼人者，天必祸之。（《法仪》）

又：

> 顺天意者,兼相爱,交相利,必得赏；反天意者,别相恶,交相贼,必得罚。(《天志上》)

他说能够实行兼爱和交利的人一定会得到上帝的赏赐,反之一定会得到刑罚,这样就可以证明上帝是赏罚分明的。这种赏罚分明的原则,墨子是理解的,因而他也可以掌握它,所以说：

> 我有天志,譬若轮人之有规,匠人之有矩,轮匠执其规矩,以度天下之方圜,曰："中者是也,不中者非也。"(《天志上》)

吕先生的话并不是主观的想象。可见两位先生的话还是各有所见,但没有能够全面地考虑问题。我们很容易有一种毛病,对于古人肯定就做了全面的肯定,否定也就近乎一笔抹杀。实则一个古代的学术大师的思想,往往是丰富而复杂的,他们处在一个错综复杂充满着矛盾的时代,本身又属于中间的可上可下的阶层,他们的思想感情就不可能单纯。墨子的时代从春秋逐步走向战国了,社会处在一个变换的时代,许多领主没落了,也有许多新兴的贵族抬头,而在新旧交替的时代战争频繁,人民的生活就越发痛苦。墨子没有把当时的社会退回到西周的愿望,他要求安定,希望没有战争,这样既有利于人,也就合乎天意!天意是没有彼此分别的,"兼爱"是天的意志,而许多痛苦是由"交别"而来,这样墨子的"天"并不是完全站在贵族的立场向人民开刀,向人民开刀的贵族反过来要遭受上帝的惩罚。那么是不是墨子有意组织一个宗教集团,借宗教的力量以推动农民起义?这又是估计过高了。诚然无论中外的封建社会里农民起义往往和宗教结合,素朴的宗教信仰也有时起一些组织和推动的作用,比如恩格斯在分析德国农民战争时代就曾经说:

> 闵采尔的政治理论是和他的革命的宗教观点紧密相连的;……闵采尔的纲领,……要求立即在地上建立天国,建立早经预言的千载太平之国。(《马克思恩格斯全集》,第七卷,一九五九年,人民出版社版,第四一三至四一四页)

吕先生估计墨子的宗教学说显然是和德国的闵采尔派相比拟,但墨子实在没有这种意图,更没有这种行动。他是反对农民起义的人,他说:

> 又与今人之贱人，执其兵刃毒药水火，以交相亏贼，此又天下之害也。（《兼爱下》）

这样我们就没法说他"获得对农民阶级意识之特征的认识，因而不能不借宗教运动去推动其政治运动"。

他的宗教信仰中有上帝鬼神，这些上帝鬼神的性质和商周的传统信仰有许多相同的地方，同是有意志有人格的存在，但它们并不完全为统治阶级服务，它们是社会上的仪法，可以作为衡量是非的尺度，所以说：

> 子墨子之有天之意也，上将以度天下之王公大人为刑政也，下将以量天下之万民。……观其行，顺天之意，谓之善意行，反天之意，谓之不善意行。……观其刑政，顺天之意，谓之善刑政，反天之意，谓之不善刑政。（《天志中》）

在这种尺度之下是没有阶级区别的，王公大人以及万民百姓全是他衡量的对象，有利于人们的行为是善，否则是恶。一个并不完全为统治阶级服务的宗教信仰，虽然还不到组织农民起义的程度，就很难简单地给它一种历史的评价。不同阶级有不同的信仰也就有不同的宗教，墨子属于一个可上可下的阶级，处在一个错综复杂的时代，只能说他的宗教信仰也是复杂的，有应当批判的地方，但在当时有的部分也并不起反动作用，不可一概抹杀。

墨子又和其他思想家不同，他的"上帝"并不和宿命的观念结合在一起，上帝是他崇拜的对象，但又有"非命"的学说。相信"命"的人，认为那是一种先天的决定，人力是没法抗衡的，这样无论对于社会国家伦理宗教全是不利的，他说：

> 执有命者之言曰："命富则富，命贫则贫，命众则众，命寡则寡，命治则治，命乱则乱，命寿则寿，命夭则夭。……虽强劲何益哉！"（《非命上》）

一切由"命"来决定，人的努力是无益的，结果是：

> 王公大人，蕢若信有命而致行之，则必怠乎听狱治政矣，卿大夫必怠乎治官府矣，农夫必怠乎耕稼树艺矣，妇人必怠乎纺绩织纴矣。王公大人怠乎听狱治政，卿大夫怠乎治官府，则我以为天下必乱矣。农夫怠乎耕稼树艺，妇人怠乎纺绩织纴，则我以为天下衣食之财，将必不足矣。（《非命下》）

必须批判这种命定思想，人们才能发挥主观能动作用，努力向上，他说：

> 强必富，不强必贫；强必暖，不强必寒，故不敢怠倦。（《非命下》）

贫富强弱由于人们的主观努力，不由上帝决定，也不由"命"来决定。墨子是一个强调主观努力的人，通过主观努力，可以掌握天意，可以不信命运！

三、政治思想

我们曾经说过墨子处在一个错综变化的时代，旧的秩序逐渐紊乱，新的阶级秩序没有树立起来，政治上和道德上的标准也没有树立起来，这样势必天下大乱，他曾经描述这种情况道：

> 方今之时，复古之民始生，未有正长之时，盖其语曰，"天下之人异义。"是以一人一义，十人十义，百人百义，其人数兹众，其所谓义者亦兹众。是以人是其义，而非人之义，故相交非也。内之父子兄弟作怨仇，皆有离散之心，不能相和合。……天下之乱也，至如禽兽然，无君臣上下

长幼之节，父子兄弟之礼，是以天下乱焉。明乎民之无正长，以一同天下之义，而天下乱也。是故选择天下贤良圣知辩慧之人，立以为天子，使从事乎一同天下之义。(《尚同中》)

他说在古代还没有国家政府时代，社会上就是这种乱纷纷的样子，没有是非标准，以致天下大乱。他希望有一强有力的中央，树立一个是非的标准。他提出民选天子的办法，"选择天下贤良圣知辩慧之人，立以为天子"。这是一种破天荒的说法，在阶级社会已经巩固后，而提倡选举是叛逆的主张，然而墨子始终这样主张着，但虽然追述历史，其实是他的理想，他的政治学说。

他的"尚同"的学说是和"尚贤"的主张分不开的，因为只有"天子三公都是天下之贤可者，国君乡长里长也都是国乡里的仁人，所以人民应该上同而不下比"（见《古史辨》第七册，《禅让传说起于墨家考》）。这些贤人是从哪里来的呢？在春秋和春秋以前这全是"内姓选于亲，外姓选于旧"（《左传》宣公十二年随武子的话）的，如果是"贱妨贵，少陵长，远间亲，新间旧"（《左传》隐公十三年石碏的话）都是所谓逆。到孔子的时代情况已经变了，虽然他还是主张"天下有道，则庶人不议"（见《论语·季氏》），但究竟阻挡不住"处士横议"的潮流。有时他说"举贤才"的话（见《论语·子路》），又曾经称赞他的门弟子仲弓道：

> 雍也可使南面！（《论语·雍也》）

仲弓至多不过是大贵族的家臣，孔子竟说他可以南面为君，这和"陪臣执国命"有什么区别？他如果不是春秋晚年的人，也就不会有这种前后自相矛盾的话。孔子虽然透露出"选贤"的消息，这种思想没有构成孔子的思想主要部分，在紧要关头，他还是主张：

> 君子学道则爱人，小人学道则易使也。（《论语·阳货》）

"君子"和"小人"的含义，在上一章中我们已经说得很清楚，小人虽可以学道还是只供驱使，孔子不是一个主张打破阶级限制而选贤的人。

墨子和孔子不同，他认为虽然是农夫工匠，只要有才能，就可以选举出来当政，他说：

> 虽在农与工肆之人，有能则举之，高予之爵，重予之禄，

任之以事，断予之令……故官无常贵，而民无终贱，有能则举之，无能则下之。（《尚贤上》）

这样进行的结果就会达到"不义不富，不义不贵，不义不亲，不义不近"的结果，富贵亲近全是尚义的人并不是贵族，对于任何人全是一种鼓励，所以：

逮至远鄙郊外之臣，门庭庶子，国中之众，四鄙之萌人，闻之皆竞为义。（《尚贤上》）

这样人人为义，自上而下、自下而上全是为义的人，当然就可以"尚同"。在上位的全是经过选择的人，他们是可靠的贤者，当然也应该"上同而不下比"，是这样的一个政治制度：

选天下之贤可者，立以为天子，天子立，以其力为未足；又选择天下之贤可者，置立之以为三公。……划分万国，立诸侯国君；……又选择其国之贤可者，置立之以为正长。（《尚同上》）

"民选政府"的结果：

> 里长者，里之仁人也；……乡长者，乡之仁人也；……国君者，国之仁人也。（《尚同上》）

在宗法封建社会的体制下，而提倡选贤，无异"与虎谋皮"，但墨子说中国古代曾经有过这种制度：

> 尧举舜于服泽之阳，授之政，天下平；禹举益于阴方之中，授之政，九州成；汤举伊尹于庖厨之中，授之政，其谋得；文王举闳夭泰颠于置罔之中，授之政，西土服。（《尚贤上》）

尧、舜、禹的故事本来是氏族社会的酋长选举，墨子把它理想化了，加以渲染，成为中国历史艳传的理想制度。

如果我们以为墨子主张尚贤尚同，并且主张打破阶级的限制，就认为他完全站在劳动人民的立场而反抗统治阶级，也是不符合实际情形的，他并不主张推翻封建贵族。他的理想虽然是"饥者得食，寒者得衣，乱者得治"，但也不排斥封建贵族，对于旧的阶级秩序他还是主张维持的，他反对这样的社会：

> 天下之乱也，至如禽兽然，无君臣上下长幼之节，父子兄弟之礼。(《尚同中》)

他主张君臣上下长幼，大国小国，大家小家，彼此相安而不相侵陵，他说：

> 若使天下兼相爱，国与国不相攻，家与家不相乱，盗贼无有，君臣父子皆能孝慈，若此则天下治。(《兼爱上》)

因之他更以破坏秩序相互侵陵为天下之大害，他说：

> 然当今之时，天下之害孰为大？曰，若大国之攻小国也，大家之乱小家也，强之劫弱，众之暴寡，诈之谋愚，贵之敖贱，此天下之害也。(《兼爱下》)

又说：

> 又与今人之贱人，执其兵刃毒药水火，以交相亏贼，此又天下之害也。(《兼爱下》)

"贵之敖贱"固然是天下之大害,"今人之贱人,执其兵刃毒药水火,以交相亏贼",也是天下的大害。这样半斤八两的说法,也可以看出墨子的政治立场,因此他也认为王公大人的行为和农夫的职业,全是社会上需要的,他说:

> 王公大人,蚤朝晏退,听狱治政,此其分事也。士君子竭股肱之力,亶其思虑之智,内治官府,外收敛关市山林泽梁之利,以实仓廪府库,此其分事也。农夫蚤出暮入,耕稼树艺,多聚菽粟,此其分事也。妇人夙兴夜寐,纺绩织纴,多治麻丝葛绪捆布縿,此其分事也。(《非乐上》)

他给封建社会等级制度以理论上的根据,他是一个阶级调和论者,他向贵族要求改革,但不主张推翻他们的统治。

他在政治上追求的目标是对于天下国家有利,孟子说"摩顶放踵,利天下而为之",正好是墨子的本色。墨子之所谓"利"也就是"义",儒家讲究"义利之辨",而墨子是把义和利结合在一起,义就是利,《经上》说:

> 义,利也。

凡对人们有好处的事是有利于人，也就是义，所以儿女事亲孝，也是"利亲"，《经上》说：

> 孝，利亲也。

"利"的具体意义，《经上》说：

> 利，所得而喜也。

必须有所得而使人愉快，才称作"利"，同时有利于人民的行为也就是有功，《经上》说：

> 功，利民也。

我们说墨子是一个功利者，同时他也是一个积极主张行义的人。有利于国家人民的才可以称作"良宝"，像"和氏之璧，隋侯之珠，三棘六异，不可以利人"，是没法称作"良宝"的。在社会上最不利于国家人民的是战争，那是"上不利于天，中不利于鬼，下不利于人"的勾当，实在是天下的"巨害"，所以墨子提倡"非攻"。一种是"良宝"，一种是"巨害",人们应当有所选择。为什么会有"巨害"发生呢？由于人之互不相爱,他说：

> 今若国之与国之相攻,家之与家之相篡,人之与人之相贼,君臣不惠忠,父子不慈孝,兄弟不和调,此则天下之害也。然则崇此害亦何用生哉？以不相爱生邪。子墨子言,"以不相爱生。"（《兼爱中》）

不相爱可以生害,欲免此害,墨子说"以兼相爱,交相利之法易之"。兼爱和相利实在是同义语。他的政治主张可以说以利为中心内容,任何无利于人们的行为,全是他所反对的,他曾经说：

> 凡费财劳力,不加利者,不为也。（《辞过》）

又说：

> 诸加费不加于民利者,圣王弗为。（《节用中》）

因此他提倡节用、节葬、非乐等学说,反之全是加费而不利于人民的举动。

四、墨子的认识方法和逻辑思想

墨子是一个注重实践的人,他认为一切言论必须有实践的价值,否则是"荡口",是一种空口白话,他说:

> 言足以复行者,常之;不足以举行者,勿常;不足以举行而常之,是荡口也。(《耕柱》;亦见于《贵义》,文小异)

不能够实践的言论最好不说,那么用什么方法来考验言论之有无实践的价值?他归纳出一种尺度来,凡不合于这种尺度的,也就是行不通的;这种尺度叫作"仪"。墨子中多言"立仪",如《非命上》:

> 言必立仪,言而毋仪,譬犹运钧之上而立朝夕者也。

《明鬼下》也说:

> 必以众之耳目实知有与亡为仪者也。

"仪"是法则，是尺度，没有尺度标准的言论，好像在做瓦器的转轮上测量东西，必致无可无不可的议论。共有三种仪，或称作三表，或称作三法；表或法的意义同于仪，《左传》文公六年有云"引之表仪"，"表""仪"并列，可以作证。三表的排列是，"有本之者，有原之者，有用之者"（《非命上》）。具体内容是：

> 于何本之？上本之于古者圣王之事。于何原之？下原察百姓耳目之实。于何用之？发以为刑政，观其中国家百姓人民之利。此所谓言有三表也。（《非命上》）

墨子的三表法是和他的"非命"学说同时提出来的，在当时的社会上泛滥着"命定"的言论，墨子就以三表法作为武器来批判他们，如果你承认有"命"，那么"于何本之"？在历史上并没有"命定"的事实，不信你看：

> 古者桀之所乱，汤受而治之；纣之所乱，武王受而治之。此世未易，民未渝，在于桀纣，则天下乱；在于汤武，则天下治；岂可谓有命哉？（《非命上》）

在历史上既然无据,那就是无所本。历史上的事实究竟是过去的事,墨子还是注意当世的是非的,他曾经要他的学生"揣曲直"而不必读书,因为读书也不过帮助我们树立标准而已。所以他的"本""原"可以结合在一起,而说"姑尝本原",(《兼爱下》)"原"就是原于当时人民的耳目,他说:

> 于何原之?下原察百姓耳目之实。

而"百姓耳目之实"是"非命"的,他说:

> 今也农夫之所以蚤出暮入,强乎耕稼树艺,多聚菽粟,而不敢怠倦者,何也?曰,彼以为强必富,不强必贫;强必饱,不强必饥,故不敢怠倦。(《非命下》)

虽然墨子也以贵族的事例来说明,但他并不废弃农民的事例,农民的实际生活中也是"非命"的,没有坐在家里等待"命运"到来的人。第三有是"有用之者",这更是"三表"中重要的一环,凡一切设施要考虑它是不是对于百姓人民有实际的利益。所以他说:

> 于何用之？发以为刑政，观其中国家百姓人民之利。（《非命上》）

他的三表是从历史上、从当时社会上通过实际的事例归纳出来的，这是从实践中得来的知识，言论和认识不能脱离开人民的生活，生活是判断是非的标准，也是道德标准，墨子说：

> 非兼者之言，犹未止也，曰："即善矣，虽然，岂可用哉？"子墨子曰："用而不可，虽我亦将非之，且焉有善而不可用者！"（《兼爱下》）

"不可用"和"善"在墨子的思想中是矛盾的概念，那么不可用的言论和知识在道德上也是不善的，所以墨子以为言行必须一致，他说：

> 言必信，行必果，使言行之合，犹合符节也。（《兼爱下》）

如果言行不一致，当政也会乱国。墨子说，"政者，口言之，身必行之"（《公孟》）。注意言行一致的人，也会注意到名实问题，名实混淆，也不会有言行的一致，也没有方法分辨是非。在这一种思想根源上,加上到战国时候,生产发达,社会更加繁荣,事物多了,语汇丰富了,人们的知识也随之增长,这样的思想上,在名实的关系上,全容易发生混乱,于是名辩之学的产生,到了呼之欲出的时候了。墨者是这个学派中的大家,他们的名辩学说表现在《经上》《经下》《经说上》《经说下》《大取》和《小取》等六篇中。我们没有争辩这六篇是否墨子原著的必要,因为《墨子》中的其他诸篇也不是墨子自己的著作,他的言论由他的后学结集起来的,这六篇也不能例外,当然其中表更多墨者后学的言论,因为这是发展了的更加精密的学说。

名辩之学在《墨子》中统称曰"辩",不过在《韩非子》中有一个故事说墨子"言多而不辩",原文是:

> 楚王问田鸠曰:"墨子者,显学也。其身体则可,其言多而不辩,何也?"(《外储说左上》)

和墨子的好辩正好相反。他为什么有这种论调?楚王之所谓"辩"是富于文采的意思,因为墨子注重说理,不注重修饰,所以说楚王谓其"不辩"。而墨子之所谓"辩"的目的,《小取》篇中说:

夫辩者，将以明是非之分，审治乱之纪，明同异之处，察名实之理，处利害，决嫌疑。焉摹略万物之然，论求群言之比，以名举实，以辞抒意，以说出故，以类取，以类予。有诸己不非诸人，无诸己不求诸人。

"摹略万物之然"是说以名言给万物一个适当形容；"论求群言之比"是说繁赜的名言应有类比的论列；名言可以代表实物，而言辞也可以代表自己的思想。这样也就可以明是非，别同异，处利害，决嫌疑，这是他们的思想方法。这种方法中的核心内容是类比推论，所谓《大取》《小取》也就是"以类取""以类予"之意。类比推论，并非始自墨家，《左传》中的"方以类聚，物以群分"和"不可方物"的记载，全是运用类比的方法做推理的根据。"方物"就是譬喻，譬喻必以其类，所以墨子经常说：

子未察吾言之类。（《非攻下》）
义不杀少而杀众，不可谓知类。（《公输》）

在类比推理中他们常用"譬""侔""援""推"等四个方法，具体说明见于《小取》篇。沈有鼎先生对此曾经有过周密的研究。这全是形式逻辑中的"类比法",基本上属于演绎推论,就已知的结论,推广到前提中所没有的对象,并且是从对象的已知属性,推广到对象的未知属性。"譬"就是比喻,在逻辑学上所谓类比式的论证。"侔"是间接的直接推论,其中也含有三段论法的方式,但在本质上仍然是直接推论,不过其中新的判断是由两个以上的前提推出来的。"援"是援引对方所说的话作类比推论的前提。"援"和"譬"都是类比推论,它们的区别只在"譬"所用的前提是以众所周知的事实为内容的主方自己的话,而"援"所用的前提则是对方说过的话,或某人说过的话而对方所赞成的。"推"也是一种类比推论,根据对方的语言,而推论出对方也不能接受的结论[①]。

在《墨经》的推论方法中也体现了墨子思想的主要内容,它用定义的方法把功利主义的界限明确起来,比如《经上》:

义,利也。

[①] 关于墨家的逻辑学说,主要根据沈有鼎先生的《墨辩的逻辑学》,见一九五四年五、六、七月《光明日报》副刊《哲学研究》五、六、七、八、九、十等期。杜守素先生《〈先秦诸子〉的若干研究》一书中《关于墨辩的若干考察》一节,本文也曾参考。

以利为义，是儒家所排斥的"小人"学派，也正好是墨家思想的核心，以此为中心，遂有"孝"是利亲，"功"是利民等说。墨子后学一派传授了他的功利主义的思想体系，一派则发展了他的名辩学说，虽然没有能够源远流长地发展下去，却也曾经显赫一时。

五、墨者集团

在孔子以后私人授徒的最大集团是墨家，淮南王谓墨子服役者百八十人，皆可使赴火蹈刃，死不旋踵。墨子自己也曾经说过：

> 臣之弟子禽滑厘等三百人，已持臣守圉之器，在宋城上而待楚寇矣，虽杀臣不能绝也。（《公输》）

因为有这样多的弟子，一直到战国末年还在宣传着孔墨的显学，《吕氏春秋》就曾经一再地说：

> 孔墨之弟子徒属，充满天下。（《有度》）
> 孔墨之后学，显荣于天下者众矣，不可胜数。（《当染》）

孔墨虽然并称，但孔门弟子多有可考，而墨子后学则无从知其姓名。孙诒让根据《墨子》及其他书，成有《墨学传授考》一文，凡得墨子弟子十五人（附存三人），再传弟子三人，三传弟子一人，治墨术而不详其传授系次者十三人，杂家四人，大体不过三十余人。

因为有关于墨家的文献不足，他们的学说也没有保存下来，所以至今关于墨者集团还存留着争端。一是宋钘是否墨者的问题，一是惠施、公孙龙是否与《墨辩》同派的问题。《荀子·非十二子》篇把墨翟与宋钘并列而加以批评道：

> 不知壹天下建国家之权称，上功用，大俭约而僈差等，曾不足以容辨异，县君臣；然而其持之有故，其言之成理，足以欺惑愚众，是墨翟、宋钘也。

荀子说他们共同的主要缺点是"上功用，大俭约而僈差等，曾不足以容辨异，县君臣"。我们可以肯定这是墨子的思想，是否宋钘的思想，却还没有佐证，但也可以相信荀子不是无的放矢。《汉书·艺文志》有《宋子》十八篇归小说家，原注云："孙卿道宋子，其言黄老意。"那么所谓《宋子》应指宋钘言，宋钘而入于小说家，可见汉人所见《宋子》已经没有什么墨家色彩，但我们根据《庄子·天下》篇的批评还可以看出宋钘学说的片段，原文说：

> 不累于俗，不饰于物，不苟于人，不忮于众，愿天下之安宁，以活民命，人我之养，毕足而止，以此白心。古之道术有在于是者，宋钘、尹文闻其风而悦之，作为华山之冠以自表，接万物以别宥为始，语心之容，命之曰心之行，以聏合欢，以调海内，请欲置之以为主，见侮不辱，救民之斗，禁攻寝兵，救世之战，以此周行天下，上说下教，虽天下不取，强聒而不舍者也，故曰："上下见厌而强见也。"虽然其为人太多，其自为太少，曰，"请欲固置五升之饭足矣。"先生恐不得饱，弟子虽饥不忘天下，日夜不休曰："我必得活哉，图傲乎救世之士哉。"曰："君子不为苛察，不以身假物"，以为无益于天下者，明之不如己也。以禁攻寝兵为外，以情欲寡浅为内，其小大精粗，其行适至是而止。

这一段文章的句读，根据唐钺先生的考订有些错误。（见《清华学报》第四卷第一期《尹文和尹文子》）比如"请欲置之"四字是"情欲寡少"的传写错误，这样前后连起来是"情欲寡少以为主,见侮不辱,救民之斗,禁攻寝兵,救世之战"。正好把尹文、宋钘学说的精髓说完。而"图傲乎"三字也应连上句读,"我必得活哉,图傲乎?"意思是说我们是求生活,并不是要以富侈骄人,所以享用欲寡不欲多,"人我之养,毕足而止"。

根据《天下》篇的记载,唐钺先生认为宋钘、尹文的学说有五个要点:

> (一)"接万物以别宥为始";
> (二)"情欲寡浅";
> (三)"见侮不辱";
> (四)"禁攻寝兵";
> (五)"愿天下之安宁,以活民命,人我之养,毕足而止"。

这也是正确的分析。唐先生又把《孟子》《荀子》《韩非子》和《庄子》等书内的宋钘学说勾勒出来,加以比较研究,而认为"见侮不辱"是这一学派的重要标语,所以《庄子》《荀子》《韩非子》和《吕氏春秋》都沿用这四个字。然而如果人人被社会习俗或个人偏见所拘囿,他们就不能有这种体会,因此他们又提出"接万物以别宥为始"的主张。假使去掉人们的拘囿，天下就可以太平，人们也就可以安闲过活了。

唐先生的分析是精密的，但他的结论并不正确，他不以为宋钘、尹文属于墨家，虽然他也承认他们的学说有类似之处。我们认为《荀子·非十二子》篇以两人作为一组来批评，凡是一组的成员，如：它嚣、魏牟；陈仲、史鰌；墨翟、宋钘；惠施、邓析；子思、孟轲；仲尼、子弓等，全属于同一学派的思想家，我们没有理由把他们强行分开。《庄子·天下》篇自墨子开始论述的时候，衡量是非的尺度是看这些学派关于"物"的态度问题。看它提到墨子说：

> 不侈于后世，不靡于万物，不晖于数度，以绳墨自矫，而备世之急，古之道术有在于是者，墨翟、禽滑厘闻其风而说之。

提到宋钘、尹文时说：

> 不累于俗，不饰于物，不苟于人，不忮于众，愿天下之安宁，以活民命，人我之养，毕足而止，以此白心。古之道术有在于是者，宋钘、尹文闻其风而悦之，……接万

物以别宥为始。

提到彭蒙、田骈、慎到时说:

公而不当,易而无私,决然无主,趣物而不两,不顾于虑,不谋于知,于物无择,与之俱往。古之道术有在于是者,彭蒙、田骈、慎到闻其风而悦之。齐万物以为首,曰:"天能复之而不能载之,地能载之而不能复之,大道能包之而不能辩之。知万物皆有所可,有所不可。故曰,'选则不遍,教则不至,道则无遗者矣。'"

提到关尹、老聃时说:

以本为精,以物为粗,以有积为不足,淡然独与神明居,古之道术有在于是者,关尹、老聃闻其风而悦之。建之以常无有,主之以太一。

提到庄周时说:

芴漠无形,变化无常。死与生与?天地并与?神明往与？芒乎何之？忽乎何适？万物毕罗，莫足以归。古之道术有在于是者，庄周闻其风而悦之。……上与造物者游，而下与外死生、无终始者为友。……虽然，其应于化而解于物也。……

末后它提到惠施、公孙龙等人说：

惠施多方，其书五车，其道舛驳，其言也不中。历物之意，曰："至大无外，谓之大一；至小无内，谓之小一。"……惠施以此为大，观于天下而晓辩者，天下之辩者相与乐之。……桓团、公孙龙辩者之徒，饰人之心，易人之意，能胜人之口，不能服人之心，辩者之囿也。……南方有倚人焉，曰黄缭，问天地所以不坠不陷，风雨雷霆之故。惠施不辞而应，不虑而对，遍为万物说。说而不休，多而无已……弱于德，强于物，其涂隩矣。由天地之道，观惠施之能，其犹一蚊一虻之劳者也，其于物也何庸。……惠施不能以此自宁，散于万物而不厌，卒以善辩为名。惜乎惠施之才，骀荡而不得，逐万物而不反，是穷响以声，形与影竞走也，悲夫！

墨子之所谓"不靡于万物"和宋钘、尹文的"不饰于物"相似，全是说他们能够不为外物所囿，而墨者"相里勤之弟子五侯之徒，南方之墨者苦获、己齿、邓陵子之属"，"以坚白同异之辩相訾"，穷于分辨名实，遂不免为外物所累。宋钘、尹文比起这些墨者来说是向前走了一步，是接近于"道"的人，然而他们还不如彭蒙、田骈和慎到。这些人对于万物的态度是"皆有所可，有所不可"，持可不可之说，则可以免去"选则不遍"的危险。这已经接近庄子的无可无不可之说。下面接着谈到关尹、老聃，他们更向前进，在排遣着"物"，"以本为精，以物为粗"，"物"既是粗陋的、不起决定作用的东西，当然不会为外物所累。然而这还不是理想的人物，不信你来看庄周"上与造物者游，而下与外死生、无终始者为友"。"物"是庄周所鄙弃的，因为他能够与"造物"者游。我们说他鄙弃万物也是不对的，他实在没有把"物"放在心中，只是：

独与天地精神往来，而不敖倪于万物！（《天下》篇）

若惠施、公孙龙辈"逐万物而不反"，等于"形与影竞走"，是一种可悲的现象。

这是一种极端唯心论的主张，凡是排遣物质愈彻底的，它认为最可取，根据它所排列的等级来说，庄子正好是"天人"一级，《天下》篇说：

> 不离于宗，谓之天人。

庄子正好能够"上与造物者游，而下与外死生、无终始者为友"！而老子则是"神人"，因为他是"不离于精"的（"*以本为精*"）。此外先秦诸子多半是"一曲之士"了，墨子也不过是"才士也夫"（《*天下*》篇），宋钘、尹文地位和墨子类似，而彭蒙、田骈、慎到等虽然所谓道非道，然而还尝是有闻的人！这样从墨子开始逐步加以肯定，如果以墨子当作一个坐标，宋钘、尹文和他相近，因而评价也大体相等，彭蒙等三人虽不知道，已有两可之说还是可以肯定的，老子是神人，庄子则是天人了。至于墨家的名辩之学，惠施、公孙龙之徒，只是"形与影逐"，不过是一种可悲的现象而已。

《天下》篇的作者实在述说了墨、道两家，通过彭蒙等三人而把这两派的思想接连起来。如果我们借佛家的术语来分析的话，名辩之学正好是以"分析名相"开始，而道家齐物两可之说，正好是以"排遣名相"告终。《墨辩》和惠施、公孙龙之徒是"遍为万物说，说而不休"的人，他们不能排遣名相，分析名相正好是他们的职业，当大家觉醒了的时代，对于什么都发生兴趣，认为什么都有问题，他们要问，而有问必有答，无论这答复对与不对，这里面全有开展人类知识领域的功用，因为他们没有回避问题，也没有嘲笑问题，他们处理了问题，虽然他们处理得也许不正确。从这一种角度出发，我们完全肯定《墨辩》，也肯定惠施、公孙龙的治学精神，他们提出了许多值得研究的问题，也遭遇到科学史一直到一千多年以后才能够解决的问题，看黄缭对他们的发问是：

　　天地所以不坠不陷，风雨雷霆之故！

懂得科学史的人，全知道这是多么有智慧的发问，这是人类思想史上的奇葩，他们不相信上帝鬼神的力量，才来作这种问故。惠施并没有辞穷，他是"不虑而对"的。可惜我们不知道他对的是什么，但他一定没有提到上帝，因为他如果可以这样作答的话，黄缭不会来问他，用那样的话作答，问题早已解决了，又何必来问。

　　我们不想细述惠施、公孙龙的名辩学说，因为在许多著作都已经提到，我只是要着重地重复一次，名辩思想是社会发展水平的反映，本身是和宗教抵触的，墨子本人虽然有浓厚的宗教色彩，《墨辩》是与之不相容的。这样他的后学势必作两个流别，有宗教色彩的趋向于政治，长于辩学的专攻学术。没有一个人能够完整地传授墨学，也许是墨学后来衰微的一个原因！

第二节 道家思想——老子和庄子

一、老子的思想

（一）老子的身世

关于老子的身世和《老子》这部书曾经有过热烈的争辩。老子的籍贯和年代有问题；《老子》是一部什么时候的书有问题；老子究竟是谁也有问题（见《古史辨》第四册）。争辩是有收获的，我们明确了许多问题，虽然不能说大家没有分歧的意见了，究竟减少了分歧。问题所以复杂，部分由于《史记·老子列传》的离奇，部分由于《老子》一书的内容有问题。

关于老子的籍贯，《史记》本身就有不同的说法，今传流行的《史记》本文是：

> 老子者，楚苦县厉乡曲仁里人也。

而高亨先生《史记·老子列传笺证》说：

> 孔颖达《礼记·曾子问疏》引《史记》云："老聃，陈国苦县赖乡曲仁里人也。……"是《史记》一书，已"楚""陈"异字，"厉""赖"殊文。又陆德明《老子音义》："老子，《史记》云，'字聃'。又云'仁里人'。又云，'陈国相人也。'"似《史记》又作"陈国相人者"。

那么《史记》本身已经有三种不同的说法。关于陈国苦县的问题，司马贞的《史记索隐》曾经解释说，"苦县本属陈，春秋时楚灭陈，而苦又属楚，故云楚苦县。至高帝十一年立淮阳国，陈县苦县皆属焉"。这样两说全可以通行。但阎若璩的《四书释地》三《庄周条》则以为，"苦县属陈，老子生长时地，尚楚未有。陈灭于惠王，在春秋获麟后三年，况老聃乎？《史》冠楚于苦县上，以老子为楚人者，非也"。这是说老子应当属于陈而不是楚。高亨先生以为《史记》于此，例不谨严，下文云"老莱子亦楚人也"，"亦"字承上文而言，则知《史记》原文作"楚"不作"陈"。但老子既生陈而仁于周，当以陈人为适当。至于"厉""赖"之别本一音之转，古多通用，可以不辩。

关于老子的年代更有问题了，一方面因为《史记》的记载离奇，一方面又把老子其人和《老子》书混在一起而矛盾百出。《史记》老子的传说：

> 或曰，老莱子亦楚人也，著书十五篇，言道家之用，与孔子同时云。盖老子百有六十余岁，或言二百余岁，以其修道而养寿也。自孔子死之后百二十九年，而《史记》周太史儋见秦献公曰，"始秦与周合而离，离五百岁而复合，合七十岁而霸王者出焉。"或曰"儋即老子"，或曰"非也"。世莫知其然。

记载虽然离奇，司马迁的态度还是谨严的，他把他知道的说法全记录下来，并且说他不能够解决这个问题。（"世莫知其然。"）时人对此也多所考证，我们的意见以为太史公并没有明确提出老莱子就是老子，他只是说还有一个老莱子也是楚国人，和孔子同时，而且在《仲尼弟子列传》里面又曾纪说，"孔子之所严事，于周则老子，于楚老莱子"。明白地说是两个人。高亨先生的意见是可取的，他说："此处书之，只是附见之耳，与慎到、田骈、接子、环渊、公孙龙、墨翟等附见于《孟子荀卿列传》同意。……盖老莱是否与孔子同时，史公所不能详，故据传述者之辞书之。《孟子荀卿列传》曰，'盖墨翟宋之大夫，善守御，为节用。或曰，并孔子时。或曰，在其后。'正同一笔法也。"这也说明了太史公的审慎态度。至于周烈王时的太史儋已经在孔子死后百二十九年才见秦献公，绝不能就是孔子曾经问礼的老子。在本传中还有老子的后嗣问题也是大家争论不休的，如果我们说，这个世系不是完整的，其中可能有些遗漏，一如高亨先生所说，"诸家之说，皆以情理为断，而非以古籍为凭，故可以并存，亦可以并废。今考宗绝非老聃之子，乃老聃之后裔也"。这种说法是可以理解的，虽然高先生以为太史儋是老子后，宗又是太史儋的儿子，问题反而更加复杂了。

以上说法虽然还有不能够明确的问题，但可以肯定一点，老子就是老子，他是陈苦县人，后来属于楚。关于老莱子和太史儋的问题可以存而不论，因为夹杂在一起，就给老子问题增加了许多纠纷，没有他们也并不能否定老子的任何方面；我们不必治丝愈纷。我们肯定了陈国苦县的老子，曾经出仕于周的老子，他的时代也就适当地解决了，因为孔子曾经问礼于他，《史记》本传说：

孔子适周,将问礼于老子,老子曰:"子所言者,其人与骨皆已朽矣,独其言在耳。且君子得其时则驾,不得其时,则蓬累而行。吾闻之,良贾深藏若虚;君子盛德,容貌若愚。去子之骄气与多欲,态色与淫志,是皆无益于子之身。吾所以告子,若是而已。"

不过关于这件事情的本身还有不同的意见,因为孔子问礼并不见于《论语》《孟子》,而《史记》所载有许多同于《庄子》,《庄子》这部书的特点是拉拢儒家而排斥墨家与名辩之学,这是否他们虚造的故事?好在《礼记·曾子问》中孔子几次此用老子的话而说,"吾闻诸老聃曰",可以作为旁证。同时《吕氏春秋·当染》也有孔子学于老聃的记载。究竟在哪一年孔子向老聃问礼当然更有问题,但可以肯定地说,老子要比孔子年长些,因为他表现了前辈的风度。唐兰先生说:"既然孔子从老聃助葬,而老聃对孔子又这样不客气地直呼他的名,那么老聃的和孔子同时而且比他年长的一层,是我们无论如何必须承认的。"(见《古史辨》第四册,《老聃的姓名和时代考》)这也是根据《曾子问》的记载,说明他有一种长者的语气。老子实在是当时南方一种学派的强者,《中庸》记载"子路问强",孔子说:

> 南方之强与？北方之强与？抑而强与？宽柔以教，不报无道，南方之强也，君子居之。衽金革死而不厌，北方之强也，而强者居之。

"宽柔以教，不报无道"，还不是老子的学风？在春秋战国时代已经有南北学风的不同，《孟子·滕文公》也说，"陈良楚产也……北学于中国，北方之学者，未能或之先也"。这全说明了这一事实，这点，高亨先生也曾指出。中国古代各国社会的发展是不平衡的，当中原各国已经封建化了的时代，在楚国一带地区还存在着较多的自由农民，这些农民有着自己的土地和生产工具，他们生活比较安定，足迹限于小农的乡村，文化水平也比较高，是这一批楚国隐士产生的社会根源，狂接舆、长沮、桀溺和荷蓧丈人全是这一流的人物，老子后来也是"莫知其所终"的，结局当然又是回到他原来的农村。

《史记》说老子隐居起来以后著《老子》五千言，然而现在流传的《老子》无论如何不是原著，有着他的精神，其中正好是"宽柔以教，不报无道"的发挥，但有许多不是他的语言，因为在春秋时代没有那样的语汇，比如"《老子》书中用'王侯''侯王''王公''万乘之君'等字样者凡五处，用'取天下'字样者凡三处，这种语气，象不是春秋时人所有"(《古史辨》第四册，梁启超《老子书作于战国之末》)。当然问题还不止此，但我们也并不同意这样一种结论："老子《道德经》除了有一部分后人搀入错乱以外……我们可以信为是老聃手著的。"(《古史辨》第四册，梁启超《老子书作于战国之末》)一个学派创始者的学说，很少由他自己亲手写下来，而是由他们的弟子根据耳闻结集为经，儒家如此，墨家如此，佛家如此，道家也莫不如此。我们能够找到一部孔子的著作或者释迦亲手写的佛经？但也不能因此怀疑《论语》的真伪或者是佛家的教义。为什么对于道家会有这种苛求？结论应当是这样的：老子是孔子同时而稍长的人，他属于当时南方隐士一流人，是"宽柔以教，不报无道"的学派创始者，后人根据他的学说的精神，写出《老子》一书，这是在庄子以前写成的，庄子在很多方面更推演了他的学说。老子是中国道家的不祧祖先。

(二)老子之所谓"道""朴"与"名""物"

老子的身世是大家争论的问题，他的学说性质近来也是大家争论的对象，它是唯心的思想体系，还是素朴的唯物主义的学说？以下我们就"道""朴"与"名""物"各方面做初步分析。

老子在传统的天道信仰业已发生动摇的基础上，进一步肯

定"道"是生成天地万物的母胎。他说:

> 道生一,一生二,二生三,三生万物。(《老子》)

什么是道所生的"一"呢?张尔岐以为"一"是气,"二"是阴阳;这是"理气"的说法提出以后的见解(张尔岐说见魏源《老子本义》引),不足以说明《老子》。后来的"太一"和"太极"也是从"一"的观念发展下来的,但也不能因之肯定"一"究竟是什么。在《老子》本书中我们知道"一"就是"有",他说:

> 天下万物生于有,有生于无。(《老子》)

"有"是和"道"对立的观念,"道"还是处于"无"的阶段,所以说"有生于无","一"是由道所生,是"有"而非"无",那么,"一"就是"有"。但我们还不能指实它是什么,因为什么全是从它那里发展下来的,它是发展了一步的"无"。

"无"是理解老子学说的关键性问题之一。"无"的意义并不等于不存在,它是一种存在,是一种存在的"无",所以说：

> 道之为物，惟恍惟惚。（《老子》）

"道"也是一种"物"，不过是一种恍惚的物，是没有形状的物。有形状的物，不是恍惚的物，也全是有"名"的，没有无名的物。有名和无名是物和道的基本区别之一，道也是物，但是无名之物，所以说"道隐无名"（《老子》）。无名究竟有名了，这也是勉强加上去的：

> 吾不知其名，字之曰"道"，强为之名曰"大"。（《老子》）

因为是无名之物也可以说是"无物"：

> 绳绳不可名，复归于无物，是谓无状之状，无物之象。（《老子》）

"绳绳"可能是"冥冥"的误写（参看高亨《老子正诂》）。这样一种混沌的不可名状的东西，可以归之于"无物"，"无

物"也就是"无名之物"。有名无名是道与物的分野,"名"在《老子》的思想体系中是一种基本概念,他一开头就说:

> 道可道非常道,名可名非常名。(《老子》)

凡可以道的"道",可以名的"名",全不是自然的道,也不是自然的名;自然的道,自然的名,是不能道,不能名的。这强名的"道"所以是无名之物,因为我们不能指定任何一种人世间的物是道,但它是任何一种人世间的物的母体,它是万物的"朴",《老子》中屡次说:

> 道常无名朴。(《老子》)
> 吾将镇之以无名之朴。(《老子》)

"无名朴"就是道。这是道的一个最好形容,魏源说"朴之为物,未雕未琢,其体希微而不可见,故无名,然天地之始,万物恃之以生"(见《老子本义》上篇),《说文》朴是木素,正好说明它是万物的素材而不是任何万物的本身;我们不能说它是具体的什么东西,但它是具体的任何东西之所从出,所以《老子》中说:

朴散则为器。（《老子》）

高亨先生引用《庄子·马蹄》篇来说明这句话的含义道：

纯朴不残，孰为牺尊；白玉不毁，孰为珪璋。

这是很恰当的解释。一切具体的事物出于朴，朴不可以一器名。有名的全是器，无名的才是朴；有名的是物，无名的是道。有名、无名是道和物的基本区别，《老子》中说：

无名，天地之始；有名，万物之母。（《老子》）

虽然关于这两句话的章句还有不同的意见。（司马光、王安石、苏辙、梁启超、高亨等以"有""无"为读；河上公、魏源等以"有名""无名"为读。今按以后说为当。）但鉴于有名、无名在《老子》思想体系中的作用，及《老子》"道常无名，……始制有名"（见《老子》）的说法，应当以"无名""有名"为读。"无名"不是不存在，"无"也不是不存在，"无名"只是"无"的进一步形容，它们全是"朴"，是任何具体的事物的母体。《老子》中不认为这个世界是上帝创

造的,因为"道"的本身是:

> 吾不知谁之子,象帝之先。(《老子》)

有道然后有上帝,这是对于上帝的根本否定。世界的创造也不由于任何神秘的力量,它生于朴,生于道,生于无。我们说生于"道",是强为之名;说生于"无",是无以名之。

道既然为产生万物的母体,它会有自己变化的法则,这法则也就是自然的法则,所以老子要人们"法自然"。自然法则是:

> 其犹张弓欤?高者抑之,下者举之;有余者损之,不足者补之。(《老子》)

尽管自然法则如此,而人世间的发展是余者越发有余,不足者越发不足,这是阶级社会的必然结果,于是他要求再回到原来的境界,他说:

> 万物并作,吾以观复。夫物芸芸,各复归其根。归根归静,静曰复命,复命曰常。(《老子》)

恢复到原来的地位，是合乎自然法则的，所以说"复命曰常"，我们通晓这种法则是我们的明智，否则是：

> 不知常，妄作，凶！（《老子》）

虽然《老子》中说"归根曰静"，但在"逝"和"归"的过程中，宇宙并不是静的，《老子》中的宇宙还是一个变化发展的宇宙，必须是有逝有返，有往有复，才能够"万物并作"。虽然他要求万物"归根"，但归根以后还是要逝的，这就是：

> 大曰逝，逝曰远，远曰反。（《老子》）

这是一种循环往复的法则，虽然有"远"，然而必"反"，一定恢复到它原业的形状，这叫作"复归于朴"。往复之后并没有创造出一个新的局面；《老子》的思想系统中并没有在新的局面上更向前发展的观念。他的循环往复的保守思想，也正好代表老子隐于乡村的隐士性格，他们所见者小，不求闻达。虽然也怨恨着王侯贵族，然而没有赶掉他们的勇气，虽然相信物质，不崇拜鬼神，然而没有辩证发展的观念。他们希望维持原状，求得一个自给自足的生活，想念着一个小国寡民的世界，不臣于王侯，也不受王侯的迫害。从这种情况出发，就形成他的独有的思想体系。

（三）人生观与认识论

《老子》成书的时代正是宗法封建社会的秩序崩溃，敌对阶级间的矛盾加深，统治阶级内部的互相兼并也更为剧烈的时代，也正是老子所指越逝越远的时代。远而不反将招致世界的死亡，正好是要求"反"的时代了。天道永远不会有远而不反的时候，因为："天之道其犹张弓欤？高者抑之，下者举之；有余者损之，不足者补之"。我们的行为也最好能够和自然相结合，一个明智的人应当是：

> 明道若昧，进道若退，夷道若纇。上德若谷，大白若辱，广德若不足。建德若偷，质真若渝，大方无隅。大器晚成，大音希声，大象无形，道隐无名。……（《老子》）

要表现成一个"不足"的样子，就会有"有余"来补足。如果我们积极地用强力来求，结果是：

> 飘风不终朝，骤雨不终日。（《老子》）

一定不会长久的。他要求人们做退一步想，做退一步的事。一个有着唯物思想的人，为什么会这样提问题，这样认识问题？因为"物"的本身发展法则并不如此，"物"并不作退一步的事。这也正是关键所在，老子要我们掌握的法则是"道"的法则而不是"物"的法则。老子的"道"是先天的"物"，是无名的物。无名的物和有名的物的法则并不一致。道对于物并没有约束的力量，它对于物是生而不有的：

> 功成不名有，衣养万物而不为主。（《老子》）

但"万物"本身并不与其母体相类，它们最喜欢做主，它们经常管它们不必过问的事情，这样就越来越坏，它们自己也就不可救药了。正好是：

> 代司杀者杀，是谓代大匠斫。夫代大匠斫，希有不伤其手矣。（《老子》）

"代司杀者杀"，是"物"的常性，但不是"道"的常性，所以道和物的结果并不一致，而是：

物壮则老，是谓不道，不道早已。（《老子》）

这也是老子思想中的矛盾，朴散而为器，但器不复为朴。他要我们法朴之所为而不法物，物是"飘风"是"暴雨"，不会长久的，我们效法它则将由壮而老，效法道则可以天长地久。但法道不是由学可以得来的，因为：

为学日益，为道日损；损之又损，以至于无为，无为而无不为。（《老子》）

"为学"虽然可以日益，但所益是有害的东西，只有"为道"才可以日损，所损的当然是有害的东西。这样损之又损，就是法道。法道也就是无为，因为道本无为。《老子》中说：

道常无为而无不为。（《老子》）

道既然无为，人法道也就应当：

为无为，事无事。（《老子》）

不过"为无为"并不是不为，因为道也不是不为。究竟什么是老子的"无为"？我们知道老子之所谓"有""无"，不是互相排斥的，"无"是通过"有"来完成的，"有""无"是互相成全，《老子》中说：

> 三十辐共一毂，当其无，有车之用。埏埴以为器，当其无，有器之用。凿户牖以为室，当其无，有室之用。故有之以为利，无之以为用。（《老子》）

这是关于"有""无"的绝妙解释。有用的是"无"而不是"有"，这个"无"是实际存在的有用事物而不是不存在。那么，老子的"无"是存在，"有"也是存在；道存在，器也是存在。在他的思想中有两个实际的存在，这两个存在全是真实的，它们并行而相背。他不是一元论者，也不是心物二元论者。他肯定这个物的世界，并不认出它是虚幻的，不过是不合道理的而已。这种态度一直影响到道教，他们也肯定物的世界，甚至于肯定自己的肉体，他们要"肉身成圣"。他们也利用物来希求理想的结果，所以他们追求炼丹术。这和佛家不同，和其他唯心主义的学派也不同。老子是一个唯物而有多元倾向的学者。

道无为而无所不知,无所不能,如果人能法道,掌握住这种法则,可以有如下的结果:

> 不出户,知天下。不窥牖,见天道。其出弥远,其知弥少。是以圣人不行而知,不见而名,不为而成。(《老子》)

这"不行而知,不见而名"的主张对于"物"来说是荒谬的,因为这是不可能的。对于"物"的知,是"学"是"智",那是通过行和见得来的,但老子说那是有害的,他说:

> 智慧出,有大伪。(《老子》)

而"绝学"之后也就可以"无忧"了。

(四)政治思想

在老子的政治思想中有两点极其宝贵的意见,他认为在阶级社会内:

> 贵以贱为本,高以下为基。(《老子》)
> 民之饥,以其上食税之多,是以饥。(《老子》)

还处在封建社会初期的老子能够认识到这种真理，是非常难得的，这不是一个从事"驰骋畋猎"的人所能看出的，必定是一个出于劳动人民，或者接近劳动人民的人才能发现的真理。在《老子》成书的时代，敌对阶级间的矛盾剧烈了，《老子》中不断有这种话："民之难治""民之乱""民之饥""使民不为盗""盗贼多有"等等。所以有这些事情的主要原因是"以其上食税之多"！统治阶级的豪华腐朽生活是建筑在农民身上的，所以说"贵以贱为本，高以下为基"。统治阶级为了巩固他们的地位，想出种种办法，这些办法无论是伦理的，是政治的，老子全给以否定的评价，他认为：

大道废，有仁义；……六亲不和，有孝慈。国家昏乱，有忠臣。（《老子》）

法令滋章，盗贼多有。（《老子》）

封建社会的仁义忠孝以及法令等等全是巩固阶级秩序的武器，老子对它们全没有好评，说明老子对于封建社会的阶级秩序不是完全拥护的，因之他对于维持阶级秩序的礼更采取了否定的态度：

夫礼者忠信之薄，而乱之首。（《老子》）

一般的情况是这样的：反对礼，不满于当时的阶级秩序，就会有"个人"的发现，而带有人本主义的色彩，墨子、孟子全提倡贤人政治的原因以此。老子的思想体系中没有个人，他还屡次在说：

> 吾所以有大患者，为吾有身。（《老子》）

反对个人的人也不是提倡贤人政治的人，他说：

> 不尚贤，使民不争。（《老子》）

如果我们说老子完全站在被统治者的立场而反对封建贵族，也是不全面的，他还处处为侯王设法，他不打算毁灭任何一个阶级，只是要求大家不为己甚，彼此相安。他提倡无为政治，他说：

> 圣人处无为之事，行不言之教。（《老子》）

无为政治的具体情况是：

> 其政闷闷，其民淳淳。（《老子》）

他更进而鼓吹愚民政策说：

> 古之善为道者，非以明民，将以愚之。民之难治，以其智多。故以智治国，国之贼；不以智治国，国之福。（《老子》）

能够实行愚民政策，是一个通晓"玄德"的人，结果是：

> 玄德深矣远矣，与物反矣。然后乃至大顺。（《老子》）

因为"物"是"将以明民"的，而玄德是"将以愚之"，所以它们的方向正好相反。这一种和"物"的方向相反的倾向，是老子思想中的消极部分，因为我们接触的是"物"的世界，我们理解的法则是"物"的法则，可巧这全是老子批判的对象。他还主张利用一些手段进行统治，他说：

> 江海所以能为百谷王者，以其善下之，故能为百谷王。是以欲上民，必以言下之；欲先民，必以身后之。是以圣

人处上而民不重，处前而民不害，是以天下乐推而不厌。以其不争，故天下莫能与之争。（《老子》）

这是大家所知道的阴柔手段，他为统治阶级的划策可以说是周到了。

这当然是有害的思想，但上面曾经指出，他曾经认识到阶级社会的剥削关系，他敢于提出这一般人所不敢接触的真理，又是他的贡献。虽然他本人的思想矛盾百出，说起来也是协和的，因为他本来是一个有多元倾向的人。

结合着他的多元论的倾向，结合着他的出身和处世，他的理想社会是：

> 小国寡民，使民有什伯之器而不用，使民重死而不远徙。虽有舟舆，无所乘之，虽有甲兵，无所陈之，使民复结绳而用之。甘其食，美其服，安其居，乐其俗。邻国相望，鸡犬之声相闻，民至老死不相往来。（《老子》）

在他理想的社会内，他没有否定国家和阶级社会的一切，但这是小农农村的扩大，不要文化，不要物质文明，没有战争，军队也没有用处了。这还代表着素朴的农民的理想，虽然这是什么时候也不会存在的社会。

（五）小结

老子的时代和孔子同时而稍前，但《老子》成书则在战国时代，所以《老子》一书所反映的思想，应当包括老子本人以至本书的成书时代。这是一个南方的学派，属于隐士一流，所以能够接近农民，有时也能够反映农民的立场。

老子的"道"是物是朴，可以名之曰"无"，但其中有物，因此道是存在，它并且有演变的法则。道虽然是物，但与万物有别，一个是无名的物，一个是有名的物。有此区别，在演变的法则上也彼此不同，结果一个是物壮则老，一个是长生久视。他是一个主张唯物而有多元倾向的思想家，由此出发，他的思想体系中有许多矛盾的地方，表现在政治思想中更属突出，一方面指出农民所遭受的剥削，同时又为统治者巧做安排。但他的理想社会也反映了素朴的人民的愿望，他们希望一个温饱的安定社会，不要文化，也不要战争，只要吃得饱穿得暖，安静地活下去，过他们理想的简单生活。

二、庄子的思想

（一）庄子的身世

庄子和老子被称为老庄学派，《史记》中也是老庄申韩合

传,本传原文云:

> 庄子者,蒙人也,名周。周尝为蒙漆园吏,与梁惠王、齐宣王同时。

关于庄子的籍贯和生卒年代,这好像很明确,其实有一些问题是含混的。首先,蒙究竟是哪一国的属地,还有不同的说法,《汉书·地理志》以蒙县属梁国,这是指西汉时的梁国,而《史记会注考证》引梁玉绳云:

> 《释文》作梁漆园吏。

这是指漆园说成是战国时梁国属地。刘向《别录》却说庄子是"宋之蒙人也"。究竟他是梁人还是宋人?《庄子》之《逍遥游》《秋水》诸篇及《淮南子·齐俗训》记载他和惠子的交游全是在梁,而列御寇则说庄子居宋。调停两可之说,未尝不可以说庄周居邑本在梁宋之间,但他究竟应当有一个固定籍贯,不可能同时属于两国。

蒙本是宋地,但宋国后来在齐楚魏等国的包围中,局面是不稳定的。《史记·韩世家》说,"文侯二年……伐宋到彭城，执宋君"。这是宋休公时代，在战国初年，已经迁过都了，当他们迁都以后，商丘一带地区，如蒙地附近，可能已经被梁侵占，庄子出生的时代已经不是宋国了，但在传说中他当然还可以说是宋国人。

关于他的时代，也有不同的推测，但出入不大。因为《史记》已经明确地指出他和梁惠王、齐宣王同时，梁惠王立于周烈王六年（公元前二七〇年），而齐宣王殁于周显王四十五年（公元前三二四年），这应当是他由青年到壮年的时期，因为到齐湣王时他还健在。陆德明《释文序》引李颐云，"庄子与湣王同时"，这应当是他的晚年了。假定他在湣王三十年到四十年之间逝世（公元前二九四—公元前二八四年），那么他享寿应该在八十岁左右。马叙伦先生《庄子年表》起周烈王五十七年（公元前三六九年），迄赧王二十九年（公元前二八六年），大体可信。这也是社会变动剧烈的时代，庄子的身世也遭受到变动的影响，一方面他在原籍被异国吞并，同时他又是沦于贫穷的人，《庄子》外篇《山木》说：

> 庄子衣大布而补之，正縻系履而过魏王。魏王曰："何先生之惫邪！"庄子曰："贫也，非惫也。"

杂篇《外物》也说，"庄周家贫，故往贷粟于监河侯"。虽然外篇《秋水》和《史记》本传全有楚王欲相庄子的话，但究竟不是事实，而《史记》本传还说：

> 其言洸洋自恣以适己，故自王公大人不能器之！

可见他是不得意的人，加上原来的贫穷，使他有着消极、颓废的色彩。

《庄子》一书，《汉书·艺文志》说有五十二篇，现存在内篇七篇、外篇十五篇和杂篇十一篇。我们很难追究哪些篇出于他自己的手笔，哪些篇出于后人的追加。在荀子以前，自己著书的事情是否存在，还是应当研究的问题。但就思想体系说，内、外、杂三篇全可以属于庄子学派，但分析其内容，还存在着不同。以内篇代表庄子本人的思想，外篇和杂篇只能当作庄子学派的发挥。这在下文中可以介绍出来。

（二）关于道、物和气的学说

庄子也谈"道""物"及其相关的诸问题，内篇《大宗师》说：

> 夫道有情有信，无为无形，可传而不可受，可得而不

可见,自本自根,未有天地,自古以固存。神鬼神帝,生天生地,在太极之先而不为高,在六极之下而不为深,先天地生而不为久,长于上古而不为老。……维斗得之,终古不忒。日月得之,终古不息。……黄帝得之,以登云天。……彭祖得之,上及有虞,下及五伯。傅说得之,以相武丁,奄有天下,乘东维,骑箕尾,而比于列星。

这篇关于"道"的提法,颇同于老子,老子说,"道之为物,……其中有物,……其中有精,其精甚真,其中有信。自古及今,其名不去"。我们说老子的"道"的物,因为他明白地指出"其中有物"。《大宗师》虽然没有这种提法,但是说"夫道有情有信",而老子也曾经说"其中有信"。那么"信"是什么呢?最恰当的解释"信"即是"实"。外篇《秋水》篇有"至精无形……是信情乎?"的记载,成玄英疏,"信,实也",是很好的证据。那么所谓信情就是实情,"有情有信"也就是"有情有实"。这种有情有实的"道"是天地之所生,鬼帝之所由神,日月星辰得到它才能终古不息,名君贤相得到它才能登天和长生。这是一种力量,一种推动世界发生和发展实际存在的力量。根据这种说明,可以说它是一种物质力量。不能因为它不可见就说它是一种非物质的，因为老子的"道"也是不可见的。但"道"也是法则，是一种根本法则。《大宗师》记载另一个故事说：

> 南伯子葵问乎女偊曰："子之年长矣，而色若孺子，何也？"曰："吾闻道矣。"南伯子葵曰："道可得学邪？"曰："恶恶可，子非其人也。夫卜梁倚，有圣人之才，而无圣人之道；我有圣人之道，而无圣人之才。吾欲以教之，庶几其果为圣人乎。……三日而后能外天下。已外天下矣，吾又守之，七日而后能外物。已外物矣，吾又守之，九日而后能外生。已外生矣，而后能朝彻，朝彻而后能见独，见独而后能无古今，无古今而后能入于不死不生。……为物无不将也，无不迎也，无不毁也，无不成也。其名为撄宁，撄宁也者，撄而后成者也。"

以上认为"道"是可得而学的，如果你具备某种条件的话。这是一种道理，一种法则，学得这种道理、法则后可以发挥无穷的力量。卜梁倚学道而后，可以外天下，外物，外生死，无古今。可知《庄子》内篇的"道"，一方面是产生天地万物的根源，同时它有自己运行的法则。产生万物根源的"道"是没法学得的，也没有必要去学，学是学它的运行法则。万物的根源和运行的法则,是"道"的双重性质,也是不能分隔的两方面。但这运行的法则对于"物"说没有约束的力量,它也不去约束,所以是"为而不有",结果"物"的发展和"道"相去日远,人也是物,如果主动地去学道而有所成,也就是他能够掌握住这种法则,他就可以逍遥,可以"无所待"了。因为物和道的发展法则背道而驰,互不约束,所以我们说老子有多元论的倾向,而后来庄学的多元论却由"道"的本身分离开始。

《庄子》外篇中的"道"和"物"的关系,已经不同于内篇。外篇《知北游》说:

> 有先天地生者物邪?物物者非物,物出不得先物也。犹其有物也,犹其有物也,无已。

这几句话反复着说明一个问题,即"物物者非物",有物之先并没物的存在,郭象注说:

> 谁得先物者乎哉?吾以阴阳为先物,而阴阳者即所谓物耳?谁又先阴阳者乎?吾以自然为先之,而自然即物之自尔耳。吾以至道为先之矣,而至道者乃至无也。既以无矣,

> 又奚为先？然则先物者谁乎哉？而犹有物无已。明物之自然，非有使然也。

他的话不能完全代表《知北游》的观念，但他说先物者非物，物之生由于自然是合乎原义的。成玄英疏更明确地说"物出于物"，原文：

> 夫能物于物者，非物也；故非物则无先后。物出则是物，复不得有先于此物者。何以知其然耶？谓其犹是物故也。以此推量，竟无物者也。然则先物者谁乎哉？明物之自然耳，自然则无穷已之时也。是知天地万物自古以固存，无未有之时也。

"物出则是物"，没有"先物"存在，郭象在注解《知北游》"物物者与物无际"时也是说，"明物物者无物，而物自物耳。"这种观念在杂篇《寓言》中叫作：

> 万物皆种也，以不同形相禅。

万物为种，做出种种不同形态的变化。外篇《山木》也假托孔子的话道：

> 化其万物，而不知其禅之者，焉知其所终，焉知其所始。

这样无终始的变化，循环不已，已经没有什么古今先后的问题，杂篇《寓言》说：

> 始卒若环，莫得其伦，是谓天钧。

既然始卒若环，也就无古无今，外篇《知北游》更解释这种道理说：

> 冉求问于仲尼曰："未有天地可知邪？"仲尼曰："可，古犹今也。"冉求失问而退，明日复见，曰："昔者吾问，'未天地可知乎？'夫子曰：'可，古犹今也。'……敢问何谓也？"仲尼曰："……无古无今，无始无终，未有子孙而有孙子，可乎？"

"有"就是有，并没有"无有"的时候，有子孙就是有子孙，不能说有子孙是出于无子孙。因为有这种"始卒若环"

的观念,对于时间和空间也就有他明确的解释,杂篇《庚桑楚》说:

> 有实而无乎处者,宇也;有长而无本剽者,宙也。

"宇"是有实而没有边际的,"宙"是有长而没有本原的。这是通过物的发生,发展和安排而有空间和时间的概念,是一种科学的观察。而物出物的说法,更属于唯物主义的思想范畴。但问题不这样简单,在外篇和杂篇中并没有忘掉"道"的作用。外篇《在宥》假托黄帝和广成子的故事道:

> 黄帝立为天子……闻广成子在于空同之上,故往见之,曰:"我闻吾子达于至道,敢问至道之精,吾欲取天地之精,以佐五谷,以养民人;吾又欲官阴阳,以遂群生,为之奈何?"广成子曰:"而所欲问者,物之质也,而所欲官者,物之残也。……"黄帝退,……闲居三月,复往邀之,……再拜稽首而问曰:"闻吾子达于至道,敢问治身奈何而可以长久?"广成子蹶然而起曰:"善哉问乎!来,吾语女至道。至道之精,窈窈冥冥,至道之极,昏昏默默,无视无听,抱神以静,形将自正……乃可以长生。……"

以上，认为物有两部分：一是物之质，一是物之残。物之质也就是"道"，物之残也就是物之形。这种"道"也就是宇宙间的根本力量，得之者可以长生。外篇《秋水》中也有类似的叙述道："至精无形，至大不可围。""精"也可以称作"精神"，是万物之所由生，外篇《知北游》说：

> 孔子问于老聃曰："今日晏闲，敢问至道。"老聃曰："汝齐戒，疏瀹而心，澡雪而精神，掊击而知。夫道，窅然难言哉。将为汝言其崖略。夫昭昭生于冥冥，有伦生于无形，精神生于道，形本生于精，而万物以形相生。"

这程序是很显明的，道生精神，精神生形，而万物以形相生。虽然不是说形生万物，但有形才有万物，而形生自精神，那么精神对于万物的产生有决定的作用是没疑问的。郭象以为这种程序是"由精以至粗"，而成玄英的疏说：

> 夫昭明显著之物，生于窅冥之中，人伦有为之事，生于无形之内，精智神识之心，生于重元之道，有形质气之类，根本生于精微。

他把精神解释作"精智神识之心",还有可商量的地方,但《知北游》中的"精神"没有方法解作物,是可以断言的。这就和"物出物"的说法有所不同,虽然"万物以形相生"还可以说有"物出物"的意味,但在这上面安排了一种精神力量,是一种决定一切的力量。道是长在,而物是暂存,外篇《秋水》说:

> 道无终始,物有死生!

这是唯心主义的宇宙观,是和唯物主义相反的思想范畴,在杂篇内这种思想更加突出了,《庚桑楚》说:

> 天门者,无有也。万物出乎无有。有不能以有为有,必出乎无有。

在这一点上,郭象和成玄英全有点茫然了,他们一向说有生有而不能出自无有,在内篇以至外篇的讲解上全可以说得通,在这里他们捉襟见肘了,郭注说:

> 此所以明有之不能为有而自有耳,非谓无能为有也,

若无能为有,何谓无乎?

成玄英疏说:

> 夫已生未生二俱无有,此有之出乎无有,非谓此无能生有。无若生有,何谓无乎?

本文明明说"万物出乎无有",他们还坚决否认说"无若生有,何谓无乎?"他们两位倒是有点"无中生有"了。他们执着在内篇的体系中,没有看出内、外、杂篇的变化来,以致前后矛盾而不得解决。

在万物的生长过程中,庄子提出"气"的问题,《庄子》内篇《人间世》有:

> 仲尼曰:"若一志,无听之以耳,而听之以心,无听之以心,而听之以气。……气也者,虚而待物者也。唯道集虚。虚者,心斋也。"

"气"究竟是什么东西,还没法有一个明确概念。内篇《大宗师》又谈到"气"的问题,也是假托孔子说:

> 彼方且与造物者为人,而游乎天地之一气。

这比较可以捉摸了,因为他谈到"天地之一气",在同篇内又有"阴阳之气有沴"的话,所以成玄英就以为"天地之一气"就是"阴阳之气"。问题虽然逐渐明确,但这天地之气究竟发生什么作用,占什么地位,还不明确。外篇《知北游》说:

> 人之生气之聚也。聚则为生,散则为死。

人之生死由于气之聚散,不特人类如此,整个天地也是如此,本篇内更说:

> 天地之强阳气也。

"强阳"的意义等于"运动",成玄英疏说,"夫形性子孙者并是天地阴阳运动之气,聚结而成者也"。外篇《至乐》在万物生长的过程中谈到"气"的地位说:

> 察其始而本无生,非徒无生也,而本无形。非徒无形也,

而本无气。杂乎芒芴之间，变而有气，气变而有形，形变而有生，今又变而之死。

成玄英的解释道："大道在恍惚之内，造化芒昧之中，和杂清浊，变成阴阳二气，二气凝结变而有形，形既成就变而生育。"因此我们明确了关于"气"的概念，它是物的素材，是原来的物。虽然在内篇中还不能肯定这种说法，在外篇中是可以这样肯定的。

提出"气"来也只是明确了"物出物"的过程，并没有影响到他的二元论的世界观，也没有影响到道的本质问题。通过庄子学派之讨论道和气的问题，也可以说明后来理学家的思想渊源，他们口口声声在反对"二氏"，然而还处在"二氏"的怀抱中！

（三）关于认识问题

认识在庄子看起来，是应当否定的，因为不存在认识的对象。认识不外分辨是非大小，而这种区别本来是人为是多事，等于络马首，穿牛鼻，就世界本体言，本来是：

道未始有封。（内篇《齐物论》）

不能区划，没有是非才是道，所以有了区别因为是：

> 言未始有常，为是而有畛也。请言其畛：有左有右，有伦有义，有分有辩，有竞有争，此之谓八德。（内篇《齐物论》）

"言"指人类的识别言，人类的识别是可以随便改变的，郭象注说，"彼此言之，故是非无定"，是正确的解释。因为此一是非，彼一是非，所以"言未始有常"，因无常而有辩，有辩而有争。庄子在《齐物论》中曾经反复地说明这种道理，他说：

> 道恶乎隐而有真伪，言恶乎隐而有是非，道恶乎往而不存，言恶乎存而不可。道隐于小成，言隐于荣华，故有儒墨之是非，以是其所非，而非其所是。欲是其所非，而非其所是，则莫若以明。物无非彼，物无非是，自彼则不见，自知则知之。故曰：彼出于是，是亦因彼，彼是方生之说也。虽然，方生方死，方死方生；方可方不可，方不可方可；因是因非，因非因是。……是亦彼也，彼亦是也，彼亦一是非，此亦一是非，果且有彼是乎哉？果且无彼是乎哉？

彼是莫得其偶，谓之道枢，枢始得其环中，以应无穷。

"道隐于小成，言隐于荣华"之后，才有是非之可言，可见大成之道，素朴之言，是没有是非的，是非两无，才能应付无穷的环境，成玄英的解释道：

> 体夫彼此俱空，是非两幻，凝神独见而无对于天下者，可谓会其玄极，得道枢要也。

"空幻"的观念，在庄子的思想体系中还不明确，但是非出自人为，本非道所固有，结果是各是其所是而非其所非，"是亦一无穷，非亦一无穷"，谁也说不服谁。只有是非两无，得道枢者才能应付任何一无穷，因为人类的知识有限，所谓是非，其实也是：

> 庸讵知吾所谓知之非不知邪？庸讵知吾所谓不知之非知邪？（内篇《齐物论》）

知与不知还没有绝对区分，愚者劳役神明，强不知为知，等于"朝三"，庄子说：

> 何谓"朝三"?狙公赋芧曰:"朝三而暮四。"众狙皆怒。曰:"然则朝四而暮三。"众狙皆悦。名实未亏,而喜怒为用。(内篇《齐物论》)

是非之辩也无异于朝三暮四之辩,其实相同,而喜怒为用,纷纷儒墨的争辩,等于众狙之怒赋芧!

这种否定认识的议论,是名辩之学的一种反驳。春秋以来,由于社会的发展,新事物多起来,认识事物的方法和代表新事物的名词也就多起来,《墨辩》、惠施和公孙龙全是在这方面致力的学派,就是儒家也讲究"正名",这是自然发展的趋势,是为经济基础所决定的必然,这对于发展科学,扩大人类知识的领域全有好处,所谓教,所谓学应当以此为主要对象。但庄子学派否定了这些,不必有分别,不必有认识,是非大小全是人为的区别,从大处着眼,什么全是大的,从小处着眼,什么全是小的,但与至大相比,天地不过稊米;与至小相较,毫末可比于丘山。这样穷年累月也得不到一个究竟,庄子说:

> 吾生也有涯,而知也无涯,以有涯随无涯,殆已。(内篇《养生主》)

以短暂的生命，追求无止境的知识，会有无比的困难，因而他提倡"知止"，他说：

> 故知止其所不知，至矣。（内篇《齐物论》）

杂篇《庚桑楚》也重复了这句话，要我们不必做无已的追求，要有所止！内篇《德充符》并强调"止"的作用说：

> 人莫鉴于流水，而鉴于止水，唯止能止众止！

止水澄清可以鉴人，人心凝止可以鉴物，为什么要做无止境的追求？这种说法和儒家的说法一线相通了。《大学》中也讲知止，它说：

> 知止而后有定，定而后能静，静而后能安，安而后能虑，虑而后能得。

荀子也曾经发挥"知止"的学说，《解蔽》篇说："以可知人之性，求可以知物之理，而无所疑止之，则没世穷年，不能遍也。"更和庄子的说法相近。虽然在这一点上他们的学说可以相通，而庄子和儒家最相近的还是思孟学派。庄子和儒家的渊源，古今学者多有论述之者。当代郭沫若先生更明确地提出，他说：

> 韩愈疑庄子本是儒家。出于田子方之门，则仅据外篇有《田子方》篇以为说，这是武断。我怀疑他本是"颜氏之儒"，书中征引颜回与孔子的对话很多，而且差不多都是很关紧要的话，以前的人大抵把它们当成"寓言"便忽略过去了。（《十批判书·庄子的批判》）

我很同意这种看法，《庄子》内、外、杂各篇内始终谈到孔子，有菲薄的地方，有辱骂的地方，因为孔子和儒家究竟不是道家；有称赞的地方，有借以说道的地方，因为他们有相通的地方，同时庄子学派也援引儒家和孔子以自重。虽然他们也借重颜回，但颜回的学说究竟如何，不得而知。和庄子学派最相近的还是子思、孟子的学说，这一点郭沫若先生也指出来了，他说庄子后学和思孟学派接近的倾向，在杂篇中颇为显著，屡屡把"诚"作为本体的意义使用，和思孟学派的见解完全相同，无疑是《中庸》和《孟子》的影响，外篇《天运》更有《洪范》五行的引用。因为他引用了五行也就接近了邹衍。而《天运》篇名本身就有"五行"的味道，因为"运"和"行"的意义本来相同。《秋水》篇的"计四海之在天地之间也，不似礨空之在大泽乎？计中国之在海内，不似稊米之在太仓乎？"也分明是大九州的说法。分明是庄子之徒受了阴阳家的影响。（《十批判书·庄子的批判》）但这却给庄子的学说造成了矛盾，在认识论上思孟学派的知是无止境的，他们无所不知，无所不能，几乎尽知过去未来之事，看孟子说，"尽其心者，知其性也。知其性则知天矣"。天而可知，何事而不可知？而大九州说也和纯粹的庄子学说不相容，他不做这种推论，也没有这种分析，这全属于知和名的范围，是不祥之物，内篇《人间世》说：

> 名也者相札也，知也者争之器也。二者凶器，非所以尽行也。

还是郭沫若先生说得对，和儒家相通，尤其是思孟学派，是庄子后学所为，而荀子学派之提倡知止，也许受庄子学派的影响。

这是"百家争鸣"的结果，在争论中互相影响，互相吸取，因而推动了学术思想的发展。

(四)人生观和政治思想

庄子理想中的人称作"至人"或者"真人",这些人全是得了"道"的人。在"至人"或者"真人"们看起来,一切存在形式全是幻觉,对于任何事情也不必认真,他们要游戏于人间。生老病死在佛家看起来还不是好事,庄子看来就无一不好。内篇《大宗师》记载一个故事,子舆有病,子祀问他,"汝恶之乎?"他说:

> 亡,予何恶?……浸假而化予之右臂以为弹,予因以求鸮炙。浸假而化予之尻以为轮,以神为马,予因而乘之,岂更驾哉!

这是《齐物论》的精神,万物本来平等,化为任何一物全可以逍遥,又何必有所恶?后来子来病将死,其妻子环泣,子犁看他去,说:

> "伟哉!造化又将奚以汝为?将奚以汝适?以汝为鼠肝乎?以汝为虫臂乎?"子来曰:"父母于子,东西南北,唯命之从。阴阳于人,不翅于父母,彼近吾死,而我不听,我则悍矣,彼何罪焉。夫大块载我以形,劳我以生,佚我

以老，息我以死，故善吾生者，乃所以善吾死也。今大冶铸金，金踊跃曰：'我必且为镆铘'，大冶必以为不祥之金。今一犯人之形，而曰：'人耳，人耳'，夫造化者必以为不祥之人。今一以天地为大炉，以造化为大冶，恶乎往而不可哉！"（内篇《大宗师》）

死生无往而不可的态度和老子不同，老子还重视他的生命，虽然他说："吾所以有大患者，为吾有身。"他还是重视他的生命的，后世的道教奉他为始祖，和这一点也有重要关联，道教徒也用种种方法保护这物质的身体。庄子则不然，他把生死看成一事的两方面，外篇《至乐》记载他妻死，他鼓盆而歌曰："形变而有生，今又变而之死，是相与为春秋冬夏四时行也。"这是一种自然的演变，应当是随遇而安，无可无不可。老子还要"知其雄，守其雌"以达到"守其雄"的目的，庄子则认为多余，雌雄如一，什么全好，无往而不逍遥。内篇《逍遥游》说：

有鸟焉，其名为鹏，背若太山，翼若垂天之云，抟扶摇羊角而上者九万里，绝云气，负青天，然后图南，且适南冥也。斥鷃笑之曰："彼且奚适也，我腾跃而上，不过数仞而下,翱翔蓬蒿之间,此亦飞之至也,而彼且奚适也。"

雄飞万里与腾跃数仞者,全可以自得,各自逍遥,不必有什么大小远近之辩。

一个能够逍遥的人也是无所畏的人。在一个大的变动时代,许多领主贵族被这疾风暴雨所摧毁,自由平民阶级也是动荡不安的。在动荡的时代,遭受到动荡影响的人,在无可奈何的环境中,幻想着一种不怕震荡的人格,庄子所谓"真人"和"至人"的本质,应当从这方面来追求。一个修养到"至人"或者"真人"地位的人是不怕震荡的,他们无所惧,看内篇《齐物论》对于"至人"的形容道:

> 至人神矣,大泽焚而不能热,河汉冱而不能寒,疾雷破山风振海而不能惊。若然者,乘云气,骑日月而游乎四海之外,死生无变于己,而况利害之端乎!

内篇《大宗师》关于"真人"的描写,更淋漓尽致,郭沫若先生曾经加以转述道:"这种人不欺负人少,不以成功自雄,不作谋虑,过了时机不失悔,得到时机不忘形,爬上高处他会不怕,掉进水去不会打湿,落下火坑不觉得热。……据说这种人也不贪生,也不怕死,活也无所谓,死也无所谓,随随便便地来,随随便便走,自己的老家没有忘记,自己的归宿也不追求,……凡事都听其自然。这样的人,心是有主宰的,容貌是清癯的,额头是恢宏的,冷清清的像秋天一样,暖洋洋的像春天一样,……对于任何事物都适宜,谁也不知道他的底蕴……。"(《十批判书·庄子的批判》)

这种"真人"实在是神仙一流的人物,通过某种方法的修养以达到神仙的地位,应当是由庄子学派首先提起的,内篇《逍遥游》提到的"藐姑射之山有神人居焉",虽然没有得到肯定,但庄子后学的确在提倡着一种修炼的方法,外篇《刻意》道:

> 就薮泽,处闲旷,钓鱼闲处,无为而已矣。此江海之士、避世之人、闲暇者之所好也。吹呴呼吸,吐故纳新,熊经鸟申,为寿而已矣。此道引之士、养形之人、彭祖寿考者之所好也。

这两种人全和庄子本人的看法相反,避世者的态度为庄子所不取,因为避与不避全是无所谓的。道引之士之所为,更不是庄子的主张,为什么要不死,死与不死本来没有区别。然而这种议论,载在《庄子》,说明庄子后学的发展,和庄子本人有矛盾处。因为有后学的转变，使庄子后学和方士发生密切联系。郭沫若先生曾经指出秦始皇时的方士卢生之所谓"真人"和庄子的口吻相同。我们认为是和庄子后学的"真人"相同。

遭受着暴风雨的震荡而无力反抗的人，极端想法是凡事无动于衷，他们不敢面对现实，因而表现对于现实没有兴趣，形成厌世的态度。他们对人世间的一切没有兴趣，富贵贫贱在他看起来没有区别，因而也就否定了贵贱阶级的存在，外篇《秋水》说：

> 以道观之，物无贵贱；以物观之，自贵而相贱；以俗观之，贵贱不在己。

在现实世界中本来有贵贱大小的划分，这是庄子也肯定的，但从"道"的立场看，这种划分就是多余的了。但我们是生在这现实世界中，而不是生在"道"的世界中，我们如何来面对这种现实呢？外篇《秋水》又说：

> 是故大人之行，不出乎害人，不多仁恩，动不为利，不贱门隶，货财弗争，不多辞让。事焉不借人，不多食乎力，不贱贪污。行殊乎俗，不多辟异，为在从众，不贱佞谄。世之爵禄不足以为劝，戮耻不足以为辱。

这是一种复杂的人格，可以说是要"混"过这动荡世界的一种人生观，这是"至人"或者"真人"的世俗化，什么对他也不发生作用，对于他没有道德标准，也没有是非标准。大人之行是不害人的，同时也不需要仁恩。不要看不起下贱的人，不要争夺财货，也不要过分辞让。不要勉强人做事，也不要贪多疲劳心力。自己要有独特的行为，也不要过分乖僻，对于谄佞的人也不以为耻。爵禄对他无动于衷，戮辱不足为耻。这不是儒家的中庸，这是无可无不可，这种滑头的人生观，是庄子后学庸俗化了的结果，内篇的"至人"与"真人"是有一定操守的，他们是得了"道"的人，而这里"大人之行"是要混过乱世，是处在动荡世界的不得已！在内篇中也看出庄子不得已的心情，他一再强调"命"，当人们在无可奈何的时候，只好说是命该如此。"命"也就是自然，人在自然法则前是无能为力的。内篇《人间世》说：

  知其不可奈何，而安之若命，德之至也。

内篇《德充符》又重复了这句话。如果说"道"也有法则的意义，那么"命"是法则之束缚于人类命运的"天刑"。这种思想在外篇中更有发展而形成消极没落的人生观。

上面我们曾说从"道"的立场看，本来没有贵贱大小的划分，那么他的理想社会也一定是一个原始型的没有阶级的区别，在内篇《应帝王》中说有虞氏不如泰氏，泰氏的时代是：

> 其卧徐徐，其觉于于，一以己为马，一以己为牛，其知情信，其德甚真，而未始入于非人！

那是一个天真纯朴的时代，是"真人"的时代，与牛马不分的时代，发展的结果反来入于"非人"！这是一种倒退的历史观，社会越发展，阶级划分越复杂，变成人剥削人的社会，是倒退了，于是他们要求恢复到原始的时代，外篇《马蹄》更具体地描述这理想的世界道：

> 故至德之世，其行填填，其视颠颠。当是时也，山无蹊隧，泽无舟梁，万物群生，连属其乡，禽兽成群，草木遂长，是故禽兽可系羁而游，鸟鹊之巢可攀援而窥。夫至德之世，同与禽兽居，族与万物并，恶乎知君子小人哉！同乎无知，其德不离，同乎无欲，是谓素朴，素朴而民性得矣！及至圣人，蹩躠为仁，踶跂为义，而天下始疑矣。澶漫为乐，

摘僻为礼，而天下始分矣。故纯朴不残，孰为牺尊，白玉不毁，孰为珪璋，道德不废，安取仁义，性情不离，安用礼乐，五色不乱，孰为文采，五声不乱，孰应六律。

不特人和人没有区别，人和动物也没有区别。区别是由乎德之衰，有圣人而后有仁义，不是自然的，那是朴残玉毁的结果！这种理想比老子的"小国寡民"的社会还倒退了。理想终归理想，在现实社会中，庄子还承认这现实的安排，内篇《人间世》就肯定了君主的存在，他假托孔子的话道：

> 天下有大戒二，其一命也，其一义也。子之爱亲，命也，不可解于心；臣之事君，义也，无适而非君也，无所逃于天地之间。是之谓大戒。

子之爱亲是自然，而臣之事君是当然，是没法逃避的。他肯定了这种现实。这是矛盾，和庄子的思想有矛盾。在庄子的思想体系中随处可以看到矛盾。这和庄子的二元论分不开，他的"道"的世界和"物"的世界本来是矛盾的，他的理想和现实是矛盾的。对于庄子说这是一种桎梏，这是一种没法解脱的"天刑"！

（五）小结

老子所曾经谈到的问题，庄子重新提出来了。代表庄子本人思想的内篇之所谓"道"，颇同于老子，是一种推动世界发生和发展的力量。这种力量虽不可见，但"有情有信"，是一种实际存在。同时"道"也是根本法则，如果学"道"而掌握住这种法则，人们就可以绝对逍遥而无所待了。"道"生物后，物的发展方向和道的法则是背道而驰的，它们互不约束，庄子因此而走上了二元论的藩篱，在他，有道和物的两个存在。后来的庄学却由此走上唯心论的道路。《庄子》外篇《知北游》遂公开地说，"精神生于道，形本生于精，而万物以形相生"，这就和"物出物"的说法完全不同，和老子的说法相远，也和内篇《庄子》的话不同了。在杂篇中这种思想更为突出。因为有内、外、杂篇思想体系的不同，使郭象和成玄英茫然了，他们对《庄子》全篇有着不变看法，以致前后矛盾而不能自圆其说。庄子也曾经提出"气"来，它是物的素材，是原来的物，但这也只是明确了物的发展程序，并没有影响到他的世界观，也就是根本没有影响到道的本质问题。

庄子对于认识采取了根本否定的态度。他认为人类的知识有限，知与不知没有绝对的区分，强不知以为知，等于"朝三暮四"的变幻，其实是相同的。他这种否定认识的议论，是名辩之学的反驳。名辩之学是随着社会发展而来的分析学派，这是学术发展的必然，但庄子否定了这些，他认为不必区别，不必有认识，一切区别认识全是人为的，不是道所原有。因此庄子学派也提倡"知止"说，我们知道《大学》也讲"知止"，在《荀子》中更有进一步的发挥，在这里庄子学派和儒家一线相通了。而最和庄子学派相通的还是思孟学派。这是"百家争鸣"的结果，在争论中互相影响，因而丰富了学术思想。

在人生观方面，庄子认为一切存在全是幻影，对于什么也不必认真，他们要游戏于人间。生老病死在庄子看起来也无一不好，万物本来平等，化为任何一物全可以逍遥，又何必有所爱恶？庄子处在动荡的社会中，在无可奈何的环境内幻想着一种不怕震荡的人格，他所谓"至人"和"真人"就是这种人格的具体化，这是神仙一流人物。这种思想在庄子后学手内就和方士的议论有密切关系。一方面他们幻想着神仙，同时他们也鼓吹着一种"滑头"或者"无动于衷"的人生观，他们要混过去，他们希冀在动荡社会中不受任何损伤。这虽然是庄子后学的演变，在庄子本人也有着无可奈何的心情，他一再强调"命"，人们在"命"前是无能为力的。这种人对于政治当然不发生兴趣，他们想念古代，他们理想的社会是原始时代，没有阶级和贫富的分化。理想终归于理想，在现实社会中，庄子还是肯定了现实的安排，他没有反抗的意图。

总之在庄子的思想体系中随时可以发现矛盾，不特内、外、杂篇彼此有矛盾，同在内篇中也有矛盾，这种矛盾的形成和庄子的二元论分不开，他的理想和现实永远处在矛盾中!

第三节　法家与韩非

一、法家产生的时代背景

中国历史发展到战国时代是一个转变时期，这个时期，封建宗法制度逐渐解体。由于生产和交换的发展，推动了社会的进步，并有力地破坏了农村公社制和氏族制的残余，也就是破坏了井田制和宗法制。因之许多贵族下降，一部分庶人上升，形成新兴的地主阶级。这一阶级的人数是相当众多的，包括大、中、小的土地所有者。在宗法封建制的时代，农民基本上有两种类型，一种是居于都鄙的农民，他们耕种着井田，是国家农奴性质的农民；一种是居于国中和乡遂的农民，他们耕种的不是井田，采取什一而税的彻法，是自由身份的农民。这些家民的地位都有变动，多数原来的国家农奴，变作新兴地主阶级的依附农民；原来的自由农民，有的因战功，而上升为统治阶级，有的下降则出路同于过去的农奴。《韩非子·诡使》第四五曾经指出这种情况道：

> ［习］悉租税，专民力，所以备难充仓府也。而士卒之逃事状匿，附托有威之门，以避徭赋而上不得者，万数。夫陈善田利宅，所以厉战士也，而断头裂腹播骨乎平原野者，无宅容身，死田亩。

这一段文字，前一节说明新兴豪富有许多依附农民，他们躲避了公家徭赋而走向私门；后一节说明了战士的进身之阶，自由农民通过战争可以富贵，虽然机会还是很少的。这是一个新的时代，基础在转变着，上层建筑也必然随着转变；于是在政治制度上有了新的要求，在政治思想上也就有了新的反映。

在宗法封建时期，不可能存在强有力的专制中央，这是一种分散的多头政治。每一个封君，每一个封建贵族全有他自己的身份和地位，每一级的贵族身份是相等的，没有方法互相统辖，就是大贵族对于小贵族来说，也不能用武力来统治，用武即是战争，此即"刑不上大夫"一语的由来，如果用刑来统治的话，也就是战争，从这一点来说，古代兵刑是不分的。当春秋以后封建诸侯之互相吞并，进行斫伐，也意味着封建宗法制度解体的开端。宗法制度再不能维系这一个大的封建王朝了，也就是说，以血缘为基础的家庭组织及维持这种家族组织制度的礼乐，失去了统摄的力量，社会秩序紊乱了。从春秋末期开始，不断有恢复秩序的要求，先秦诸子每一家全有这种反映，但各有各的想法，各有各的理想制度。法家在这方面更有明确的主张。

法家一般说是代表新兴的统治阶级的，包括新兴地主阶级在内。因为他们代表这一个新兴统治阶级的利益，他们反对旧的贵族，要求新的阶级秩序，新的强有力的政府，希望有一个中央集权的国家。他们的工具是法，在法的面前新旧统治者是平等的，全要守法；当然在其初这是做不到的，但他们有这种要求，因而他们得罪了旧贵族，因而许多法家也遭受到旧贵族的迫害。这的确是一种奇特的现象，在等级制度森严的封建社会而要求大家一律守法，是没法想象的，于是有人说这不是封建社会，应当属于奴隶占有制的国家。我们不同意这种说法，战国以后的封建社会，不同于宗法封建时代，新兴的地主阶级要求取消氏族贵族（宗法贵族）的特权，因而要求他们守法。及至氏族贵族完全没落以后，新兴地主阶级的政权巩固了，他们又变成特权阶级了，是不守法的主体。于是法家也就吃不开，而儒家思想始终是两千多年地主封建社会的统治思想，他们强调了礼，那是阶级间不平等的反映。法家始终被认为是非正统思想，而凡是提倡变法的人，总是有着一些新的味道，进步的意义。

因为地区不同，历史条件不同，法家的思想也不完全一致。大体上说，可以分作东方的法家、西方的法家和三晋的法家，它们虽然基本精神一致，但在个别问题上，存在着不同的提法。《管子》属于东方的法家，虽然《管子》一书不是齐国管仲的著作，但这是齐国法家的著作；商鞅是秦国的法家，而韩非是属于三晋系统的法家。韩非是战国时代最后的一个法家，也是最大的一个法家，他有着完整的体系，影响最大。以下我们具体分析这三派的思想体系。

二、《管子》

（一）"道"和"水""地"

《管子》不是管仲的作品，在齐桓公的时代还没有法家，因为还不具备产生法家的条件，但这是齐国的作品，而且是有依据的作品。书内反映的一些历史事实，代表着齐国的古老传统，比如关于井田制度、居民组织、前期的五行学说，以及前期的明堂制度，有许多和《周礼》相同，有许多是东方特有的传统,不可能是后人的臆造。虽然是有根据的作品,但它的成书不能早于战国中叶,而其中的法家思想也不可能是战国以前的反映。和三晋的法家相似,《管子》中也谈"道","道"是无形的,是充满天地之间的,它说:

> 道在天地之间也,其大无外,其小无内。故曰,不远而难极也,虚之与人也无间。(《管子·心术上》)
> 道之大如天,其广如地,其重如石,其轻如羽。(《管子·白心》)

全是说明"道"广大而无形,"道"和"形"是对立的,"道"是一切的主宰,是一切的"精",而"形"是外貌,是体积;"道"和"形"合在一起,乃构成万物,所以在《管子》中"道"和"精"又是同义语,它说:

> 凡人之生也,天出其精,地出其形,合此以为人;和乃生,不和不生。(《管子·内业》)

在《内业》篇又说"夫道者所以充形也"。把"道"和"形"对立起来,实在就是把"道"和"物"对立起来,这是二元论的说法，但它同时又说"地""水"是万物的本原，《水地》篇说：

> 地者，万物之本原，诸生之根菀也，美恶贤不肖愚俊之所生也。水者，地之血气，如筋脉之通流者也。

又说：

> 是故具者何也，水是也。万物莫不以生，唯知其托者能为之正具者，水是也。故曰，水者何也，万物之本原也，诸生之宗室也，美恶、贤不肖、愚俊之所生也。何以知其然也，夫齐之水道，躁而复故，其民贪粗而好勇；楚之水淖弱而清，故其民轻果而贼；……是以圣人之化世也，其解在水，故水一则人心正，水清则民心易；……是以圣人之治于世也，不人告也，不户说也，其枢在水。

虽然他说"地"是万物之本原，又说"水"是万物之本原，但这是不矛盾的，它们全是物质，而水和地又是分不开的。既然水、地是万物的本原，那么和"道"的关系又如何？如果根据《内业》篇的记载"天出其精，地出其形"，那么地生万物也只是产生万物的形骸，而万物之精，也就是万物之所以成的本质，是由"道"构成的，仍然是二元论的体系。但《水地》篇明明又说"水"是万物生成的决定因素，万物之美恶贤不肖由于"水"之不同的互异。这两种说法是一种矛盾。根据《水地》篇的说法，这里面可排不下"道"；根据《内业》等篇的记载，又没有"水"的余地。如果说《管子》中的"道"只是指道理和法则言，会不存在上述的矛盾，《管子》中的"道"也的确有这种意义，《君臣》上说：

  道也者，万物之要也。

又《白心》篇说：

  道者，一人用之，不闻有余；天下行之，不闻不足；此之谓道矣。

因此可以说，《管子》一书的思想体系，基本上是一个素朴的唯物论者，但有时徘徊于心物之间，而有二元论的因素。因为"水"在《管子》的思想中有特出的地位，表现在宗教的礼仪上，《管子》以"玄宫"代明堂。本来"玄宫"是明堂的一个，《吕氏春秋·孟春纪》"天子居青阳左个"，高诱注："青阳者，明堂也，中方外圜，通达四出，各有左右房，谓之个，犹隔也，东出谓之青阳，南出谓之明堂，西出谓之总章，北出谓之玄堂。玄堂，即玄堂也。北方属水，其帝颛顼，其神玄冥。"以北出的玄宫代替南出的明堂，我想这和齐国地区流行的信仰有关，他们认为"水"决定一切，因而代表北方的玄宫，也就可以代表整个青阳。

（二）法

法是规矩是仪表，是统治者的工具，"不能废法而治国"，《管子》一再做这样的说明：

> 法者天下之仪也，所以决疑而明是非也，百姓所县命也。（《禁藏》）

又：

> 规矩者，方圜之正也，虽有巧目利手不如拙规矩之正方圜也。故巧者能生规矩，不能废规矩而正方圜；虽圣人能生法，不能废法而治国。故虽有明智高行，倍法而治，是废规矩而正方圜也。（《法法》）

废规矩而正方圜，是行不通的，废法而治国也是行不通的。任何一个有智慧的人，也不应任智而不任法，所以说：

> 圣君任法而不任智，任数而不任说，任公而不任私，任大道而不任小物，然后身佚而天下治。（《任法》）

法是仪表，是准绳，也是道德的依据，他说：

> 所谓仁义礼乐者皆出于法，此先圣之所以一民者也。（《任法》）

不可能有违背"法"的仁义礼乐，法是一种根本的准绳，在合乎这种准绳的基础上再产生仁义礼义。因为这是根本，他一再强调必须固守，必须在法内行动，若背法而动，则谓之私。他说：

> 夫法者，上之所以一民使下也；私者，下之所以侵法乱主也。（《任法》）

在原则上讲，任何人也不能侵犯法律，所以说：

> 故圣君置仪设法而固守之，然故谌杵习士，闻识博学之人不可乱也，众强富贵私勇者不能侵也，信近亲爱者不能离也，珍怪奇物不能惑也，万物百事非在法之中者不能动也；故法者，天下之至道也，圣君之实用也。（《任法》）

离开法任何人也不能行动，离开法则不能维持一个强有力的中央，而形成"众强富贵私勇者，能以其威犯法侵陵，……大臣能以其私附百姓，剪公财以禄私士"（《任法》）。所以法起着两种作用，一是"兴功惧暴"（《管子·七臣七主》），一是"决疑而明是非"（《管子·禁藏》）。这是新时代的新反映，宗法社会动摇了，维持宗法封建社会的礼仪也随之动摇，必须有一种新的社会秩序的手段，于是"法"遂应时而起，新的社会发生了新的阶级关系，新兴的地主阶级要求旧的氏族贵族，在法的面前也一律平等，必须在法令的范围内行事。但贵族豪强如上面所举出的，是有方法为私的，这样对于维持绝对君权来说是有妨碍的，所以他要求君主要有权势，君主要处于被尊重的地位，他说：

> 权势者，人主之所独守也。（《七臣七主》）

又说:

> 故安国在乎尊君，尊君在乎行令，行令在乎严罚；罚严令行则百吏皆恐。(《重令》)

所有的法家全注意"势"的问题，他们认为君主无势则不能行法，宗法封建时代的天子，就因为缺乏这种"势"，以致没法有一个强有力的中央。而有势必须尊君，而尊君行令在乎严刑峻法；所有的法家又全是主张严刑峻法的。依韩非的意见维持君主的权势必须掌握赏罚二柄，在《管子》中则称为"六秉":

> 桓公曰:"六秉者何也?"管子曰:"杀生贵贱贫富，此六秉也。"(《小匡》)

归纳起来这也相当于韩非的"二柄"。

法是维持新的阶级秩序的手段，在地主阶级封建社会内虽然在统治阶级的成分上和过去有所不同，但地主阶级仍然是统治者剥削者，立法者站在统治者的立场，重新作阶级的划分，巩固这新的阶级秩序。这一个时期的封建社会和宗法封建时代最大不同之一是前一个阶段以身份来分，而这一个时期土地财富成为一个决定因素。《管子》书中说，"富人贫人，使人相畜也；贵人贱人，使人相臣也"（《管子·法法》）。正好是前后两个阶段的写真。

为了维持阶级秩序，为了巩固地主阶级的统治，法家全提倡发展生产，《管子》中也说：

> 凡治国之道，必先富民，民富则易治也，民贫则难治也。奚以知其然也？民富则安乡重家，安乡重家则敬上畏罪，敬上畏罪则易治也。民贫则危乡轻家，危乡轻家则敢陵上犯禁，陵上犯禁则难治也。……是以善为国者，必先富民，然后治之。（《治国》）

富民之道首先在于发展农业生产，因为衣食所出由于农业，他说，"夫民之所主，衣与食也；食之所生，水与土也"（《管子·禁藏》）。为了使农业生产有利，他同时也提出"重粟"的学说（参考《管子·轻重乙》）。这是说明法家代表着新兴地主阶级的利益，为了巩固新的阶级秩序，他们主张农民应当保持有一定的生活水平，因而提倡生产，提倡"重粟"；这样，法家对于中国社会的发展就起了一定的积极作用。

(三) 小结

我们可以肯定,《管子》这部书代表着战国时代一部分的法家思想,这些思想和管仲这个人并不完全相同。虽然在本书内引用了许多春秋战国时的齐国材料,有许多桓公和管仲的对话和其他法家有类似处,《管子》中也谈"道"的问题。因为它强调了"道"和"物"的对立,而"道"是种精神,所以它有二元论的思想,但同时也指出,水和地是万物的根源,决定存在的还是物质而不是精神,这又是唯物主义的思想体系了。前期素朴的唯物论者,往往徘徊于心物之间,不可能有完整的唯物主义的主张,法家也不能例外。

《管子》是法家的书,当然强调了"法"的作用,它认为"法"是仪表是准绳,也是一切道德的依据,因为不可能有违背法令的道德存在。这是维持新的阶级秩序的手段,要求旧贵族也在法律面前平等,但这是办不到的,他们有办法为私,这样也就妨碍了君主的集权,于是他提出"势"的问题,认为君主应当有势。

为了巩固新的阶级秩序,法家也注意到发展生产的问题,因为"民富则易治",这样他们就创造了有利于发展农业生产的条件,因此先秦法家对于中国社会的发展也就起了一定的积极作用。

三、商鞅

（一）商鞅身世和《商君书》

商鞅卫人，他比李悝、吴起的行辈稍后。《史记》本传谓，"鞅少好刑名之学，事魏相公叔痤。……公叔既死，公孙鞅闻秦孝公下令国中求贤者，……乃遂西入秦，……以求见孝公"。《秦本纪》记鞅见孝公在元年（公元前三六一年），三年鞅说孝公变法，六年拜左庶长。孝公二十四年卒，子惠文君立，不久杀鞅。《战国策·秦策》，"孝公行商君法十八年，疾且不起"。自七年至二十四年整十八年。在这十八年中商鞅做了一系列的改革工作，适应着秦国本身的情况，推动了秦国封建社会的发展。

先秦时代东西南北各地区国家的发展是不平衡的，东方的齐、南方的楚、西方的秦和中原各国以及三晋某些地区，在社会形态上有许多不同处。总起来说是存在着浓厚的前封建社会的色彩，这种色彩在战国时仍然很明显地看出来。因此在某些点上可以说它们落后，它们迫切需要改革，也因此在这些地区先后全发生了变法运动。通过变法也多少推动了社会的变革与发展。管仲在齐国的设施，有些地方同于后来的法家，而吴起在楚国的改革和商鞅后来行之于秦的，差不多完全一致（参看《十批判书·前期法家的批判·二·吴起》）。商鞅在秦的改革更给秦统一六国建立了稳固的基础。

《汉书·艺文志》有法家《商君书》二十九篇，兵权谋家《公孙鞅》二十七篇。今传《商君书》实存二十四篇，这二十四篇书已有许多人考订它不出于商鞅，郭沫若先生说，"现存《商君书》除《境内篇》殆系当时功令，然亦残夺不全者外，其余均非商鞅所作"（《十批判书·前期法家的批判·三·商鞅》）。我以为这虽然不出商君手，但它可以适当地代表商君的思想，也正如沫若先生所说，"伪此书者，我疑就是韩非的门人，乃韩非死后留仕于秦者，揣摩商君之意而为之"（同上）。如今我们根据《史记》有关秦及商鞅的记载，参考《商君书》，试行述说商君的思想。

（二）变法以前的秦国及商鞅变法

如上所说，秦孝公变法以前的秦国尚停留在前封建主义社会，具体地说这是处于奴隶占有制的阶段，并且有氏族社会的残余。郭沫若先生说，"商君时的秦国社会是由奴隶制转入封建制的过渡阶级"，是正确的。它同时还存在着父系家长制的家族组织，存在着公社所有的土地制度，最以说明这种奴隶社会的性质。但因为它的邻近国家，比如说东方的诸侯国都已经是封建主义社会了，通过外来的劳动人民，外来的执政者，强大的外因已经变成内因，反映在政治上，遂有强烈的变法要求。《史记》本传叙述变法的情况道：

> 卒定变法之令，令民为什伍，而相牧司连坐，不告奸者腰斩，告奸者与斩敌首同赏，匿奸者与降敌同罚。民有二男以上不分异者，倍其赋。有军功者，各以率受上爵，为私斗者，各以轻重被刑。大小僇力，本业耕织，致粟帛多者复其身，事末利及怠而贫者，举以为收孥。宗室非有军功，论不得为属籍，明尊卑爵秩等级，各以差次，名田宅臣妾衣服，以家次。有功者显荣，无功者虽富无所芬华。

又：

> 作为筑冀阙宫庭于咸阳，秦自雍徙都之，而令民父子兄弟同室内息者为禁，而集小都乡邑聚为县，置令丞，凡三十一县，为田开阡陌封疆，而赋税平。平斗桶权衡丈尺。

这些话虽然简单，然而包含着许多重要改革，它是：

（一）改变生产单位组织，把原来的公社体制改变成小的家庭组织,在个别家庭组织的基础上建立县,置令丞。

(二)在打破了以血缘为基础的家族组织后,使人与人的联系基础不是血缘,而是以地区单位的什伍组织,同什伍的人互相监督,互相检查。

(三)注重军功,有军功者受上赏;进行私斗者各以轻重被刑。赏军功是加强国家体制的有力措施,而进行私斗是原始社会血族复仇的残余。

(四)注重农业生产,能够在农业方面增加生产的人,可以免去徭役;从事于商业活动或者是不参加生产的人罚做奴隶。

(五)即使是宗室也必须建立军功,不然就会开除宗族属籍。明辨爵位的等级及各种爵位应有的田宅臣妾衣服等方面的待遇。有功者才能够富贵荣华,没有功的人虽然富足,但没有荣华。这说明着旧的氏族贵族地位没落了,他们可能有钱,但不一定有荣华,而新立军功的人可以享受高等的荣华富贵。武士阶级代替了旧的贵族,这是秦汉封建社会的特色,这时秦的贵族是更古老的残余,因而没有强大的生命力,以致被铲除,而新的统治阶级——地主阶级代兴。

(六)建立了县的制度,对于原来的封君制度是一个致命的打击,同时和封君制度互相维系的"井田"制度也遭到毁灭,新的田制立起来。

这虽然是一种自上而下的改革，然而这种改革是有基础的，是适应社会发展、符合人民的要求的，所以他取得了成绩，在先秦时代所有的变法运动中，这是最成功的一次。也正如商鞅自己所说，"始秦戎狄之教，父子无别，同室而居，今我更制其教，而为其男女之别，大筑冀阙，营如鲁卫矣"（《史记·商君列传》）。所谓戎狄之教，父子无别，同室而居，正指秦国的父家长制大家庭言。而为男女之别，营如鲁卫，也就是和鲁卫是一样的社会了。在战国时代的变法运动中，这算最成功的一次。根据现有的资料看来，吴起在楚国实行的办法，基本上和商鞅的办法是一致的，只是他在楚国行法未久而遭到暗杀，以致前功尽弃（《十批判书·前期法家的批判·二·吴起》）。旧的氏族全是反对他们的人，形成生死的斗争，吴起、商鞅全不得其死。

（三）思想体系

法家的先决条件是：否定了历史是千古不变的或者古代是黄金世界的不正确说法。在变法开始的时候法家和反对派的争端也往往是集中在对于历史事实的看法上。当秦孝公已经信任了商鞅，但对于变法还在迟疑的时候，商鞅说：

圣人苟可以强国，不法其故；苟可以利民，不循其礼。

(《史记·商君列传》)

孝公是同意这种见解的，但甘龙反对，杜贽也反对，他说，"法古无过，循礼无邪"。这是典型的保守派，商鞅对此有明快的议论道：

> 三代不同礼而王，五伯不同法而霸。智者作法，愚者制焉。贤者更礼，不肖者拘焉。（同上）

又说：

> 治世不一道，便国不法古，故汤武不循古而王，夏殷不易礼而亡，反古者不可非，而循礼者不足多。（同上）

这是法家的根本观点，必须肯定这一点，才能谈到变法问题。历史观的改变也结合着立场问题，站在旧的贵族立场，全是变法的反对者，也是主张礼法不能变的人。新的地主阶级的代言人，向往着新的前途，否定了旧的礼法，肯定社会在变化着，这是有进步意义的学说。《商君书》内有许多文字对此作了发挥，在《更法》《壹言》各篇内全重复了上述议论，在《开

塞》《画策》各篇内更明确地说社会是进化的,因为"时变"不同,每一个时代应当有一个时代的法制,《画策》篇说:

> 昔者,昊英之世,以伐木杀兽,人民少而木兽多。黄帝之世,不麛不卵,官无供备之民,死不得用椁。事不同,皆王者,时异也。神农之世,男耕而食,妇织而衣,刑政不用而治,甲兵不起而王。神农既没,以强胜弱,以众暴寡,故黄帝作为君臣上下之义,父子兄弟之礼,夫妇妃匹之合,内行刀锯,外用甲兵,故时变也。

在先秦时代,有这一种历史学说已经是正确的了。我们说正确,因为它接近历史事实。神农的时代,根据他的描绘,还处在原始时代,没有国家的组织,没有刑政,没有甲兵,只有男女的劳动分工。到黄帝时代,有了阶级的分划,有了战争,因而有了政治组织,有了夫妇关系、家庭组织。这是较为正确的观察,较为正确的历史观。从此出发,他提倡变法,有什么理由反对变法呢?时代在变换,礼法也必须变换。就此而论,法家的思想是唯物的,是有进步意义的学说。在不讲法而守礼的时代,礼是贵族所专有,是他们的秘密,也是他们的学问,到了讲法的时代,要公布给人民知道,这不是秘密,不是贵族的私有物。春秋时代已经有公布法的事实，《周礼》也有公布法的制度，法家出现后，更主张普遍关于法的知识，而提倡以吏为师，《商君书·定分》篇说：

> 夫微妙意志之言，上知之所难也。夫不待法令绳墨而无不正者，千万之一也。故圣人以千万治天下，故夫知者而后能知之，不可以为法。民不尽知，贤者而后知之，不可以为法，民不尽贤。故圣人为法，必使之明白易知，名正，愚知遍能知之，为置法官，置主法之吏，以为天下师，令万民无陷于险危。故圣人立天下而无刑死者，非不刑杀也，行法令明白易知，为置法官，吏为之师以道之知，万民皆知所避就，避祸就福，而皆以自治也。故明主因治而终治之，故天下大治也。

利用通俗易晓的法令，以吏为师，使全体人民通晓，能够避祸就福，而天下可以趋于大治。到秦始皇时代还提出同样的问题，当统一六国以后，朝廷辩论政治制度的时候，李斯曾经说，"今天下已定，法令出一，百姓当家则力农工，士则学习法令辟禁。今诸生不师今而学古，以非当世，惑乱黔首。……今皇帝并有天下，别黑白而定一尊，私学而相与非法教，人闻令下,则各以其学议之,入则心非,出则巷议,夸主以为名,异取以为高,率群下以造谤,如此弗禁,则主势降乎上,党与成乎下,禁之便。……若欲有学法令,以吏为师"(《史记·秦始皇本纪》)。这是春秋以后到秦始皇统一时候的一个普遍性问题。诸子百家兴起,是非标准不一致,对于法令的解释也不一致,各是其所是而非其所非,这样法令就没法通行,而天下趋于紊乱,于是他们主张以吏为师,使法令的解释趋于一致。这虽然在政治方面有良好作用,但使我们的学术发展受了大损失。秦始皇的焚书坑儒就是这种思想体系下的产物。这是一种社会现象的反映,天下趋于一统,中央集权的局面形成,在政策法令上当然要求一个统一的理解,同时反映在学术思想上当然也要求一种为地主阶级服务的正统思想。

提倡生产也是法家的特点,《史记·商君列传》说,"大小僇力,本业耕织,致粟帛多者复其身,事末利及怠而贫者,举以为收孥"。以农耕纺织为主要生产,而商业贸易是受排挤的,一直到汉朝还执行着这种政策,商业是社会发展的必然产物,而秦汉对他们采取排斥的态度,主要因为他们对于统治者的"农战"政策是无利的,农人生产,也可以参加保卫政权的战斗,商人则比较难于控制。也不是所有法家全是这种主张,东方的《管子》把商人的地位摆成四民之一,是没有歧视的。

三晋的法家也没有这样强烈地排斥商人,只是居于秦而用于秦的法家如此,从秦国本身说它的商业并不发达,因之所谓商人地主的力量并不庞大。商鞅所要排斥的还是东方的商人,这些东方的豪商而要插足于秦国政治的人,是排斥的主要对象。

法家又是喜欢议论兵事的人,吴起是法家,而一般认为他是兵家;商鞅正好相反,一般认为他是法家,其实也是兵家。郭沫若先生说,"魏的武卒创始于吴起,秦的锐士创始于商鞅"(《十批判书·前期法家的批判·二·吴起》)。《荀子·议兵》篇说,"秦之卫鞅,世俗所谓善用兵者也"。而李悝也是兵家。兵家中有李子公孙鞅,犹法家中之有吴起。今传《商君书》尚有几篇谈论兵法战术的文章,他所主张的三军,是:

> 壮男为一军,壮女为一军,男女之老弱者为一军;此之谓三军也。(《商君书·兵守》)

以壮女为一军,更是兵家中的特色。

(四)小结

商鞅是先秦法家中在政治上成就最大的人,郭沫若先生说,"他是一位时代的宠儿,生当大变革的时代,又遇着信任专一的孝公，使他能够放手做去，收到了莫大的功名。……秦王政后来之所以能够统一中国，是由于商鞅变法打下了国力基础，甚至于我们要说秦汉以后的中国的政治舞台是由商鞅开的幕，都是不感觉怎么夸诞的"（《十批判书·前期法家的批判·三·商鞅》）。大体上是可以同意的。

在法家的理论上商鞅虽然没有突出的地方，但他重点提出要发展农业生产及普遍法令知识两点，是值得注意的。提倡生产和主张历史在变化着的学说，肯定地是有进步意义的学说，在中国历史上起了良好作用的学说。这也是一般法家的论点。

四、韩非

（一）韩非的身世与思想渊源

韩非是韩国的公子，喜刑名法术之学，和李斯同师事于荀卿。他在韩王安五年（公元前二三四年）使秦，翌年被杀。假使他的年岁和李斯相当，他享年当在四十、五十之间。韩非是法家集大成的人物，他的思想渊源也是多方面的，他既然师事荀卿，荀子的学说对于他的显著影响是：历史学说上的后王主义，杀诗书的思想，以及认识上的"虚壹而静"的方法。荀子也曾经说"道"，但韩非之所谓"道"，是由老子的"道"演化而来。郭沫若先生曾经说，"代替上帝的出现了老聃所倡导的本体——'道'。这种观点，起初本是反既成的阶级统治的，然在时间的经过当中，聪明的统治阶级的残余却又反过来企图利用这个'道'以为阶级统治的新的护符了。在前天子是上帝的儿子，即是以人君的投影作为人君的父亲，现在叛逆的'道'既把上帝的虚影掩盖了，事情很单纯，重新认识一个父亲就是。因而'道'便又担荷了太上皇的使命。人君是须得体'道'的，'道'是怎样，人君便该得怎样。在前是天的儿子的'天子'，现在是'道'的体现者的'有道之主'，也就是本体的化身了"（《十批判书·韩非子的批判》）。这很概括地说明了韩非之所谓"道"的渊源和演变。

作为一个法家，韩非当然接受法家的影响最大，法家的"法""术""势"三方面，对于韩非全有影响，他也全有所发挥。法家是结合社会经济最密切的学派，学术上的渊源固然和他的思想体系有关，然而社会经济基础的本身，更是决定韩非思想的根本因素。这已经是战国末年，生产、交换和交通事业越发发达，文化交流也越发频繁，各国间发展不平衡的状态，距离缩短，旧的贵族阶级越发没落，新兴的地主阶级已经强大起来，要求统一的呼声更加强烈了，一个以武力统一的要求更加明确了。郭沫若先生也曾经指出《韩非子》全书对于力的讴歌(《十批判书·韩非子的批判》)。在《韩非子》中有这样的话：

> 古人亟于德，中世逐于智，当今争于力。(《八说》)
> 上古竞于道德，中世逐于智谋，当今争于气力。(《五蠹》)
> 力多则人朝，力寡则朝于人，故明君务力。(《显学》)

没有人主张以德来统一天下了，干脆提出武力来，这是时代的反映。固然主张以力统一的不始于韩非，法家全有类似的主张，荀子也有"王夺之人，霸夺之与，强夺之地"(《荀子·王制》)的议论，不过韩非更加突出罢了，到李斯而因始皇见诸实行，遂行统一六国。

(二) 社会的变化与变法

韩非和其他法家一样，认为社会在变迁着，社会在变，一切制度也应当跟随着变，他有两句名言道：

> 世异则事异。(《五蠹》)
> 事异则备变。(同上)

这是韩非对于历史和政治的基本观点，这也是一般法家的历史观点，社会在变化着，那么适应这社会现象的政治制度也应当在变化着，这种"论世之事，因为之备"的精神，是法家最应当肯定的积极精神。他们对于各阶级的历史情况也有比较正确的看法，韩非说：

> 上古之世，人民少而禽兽众。人民不胜禽兽虫蛇，有圣人作，构木为巢，以避群害，而民悦之，使王天下，号之曰：有巢氏。民食果蓏蚌蛤，腥臊恶臭而伤害腹胃，民多疾病，有圣人作，钻燧取火，以化腥臊，而民说之，使王天下，号之曰：燧人氏。中古之世，天下大水，而鲧禹决渎；近古之世，桀纣暴乱，而汤武征伐。今有构木钻燧于夏后氏之世者，必为鲧禹笑矣；有决渎于殷周之世者，必为汤武笑矣。然则今有美尧舜汤武禹之道于当今之世者，必为新圣笑矣。是以圣人不期修古，不法常可，论世之事，因为之备。（《五蠹》）

他把他以前的中国历史分作"上古""中古""近古"三个段落，他所谓"上古"是氏族社会，"中古"是阶级社会的开端，而"近古"已经进入奴隶社会了。他虽然不知道这种概念，但他描写的社会情况是与此相合的。这种看法是和一般儒生相反的，儒生们是"喜道上古之传"的，他说，"今世儒者之说人主，不善今之所以为治，而语已治之功；不审官法之事，不察奸邪之情，而皆道上古之传，誉先王之成功。儒者饰辞曰，'听吾言则可以霸王'，此说者之巫祝，有度之主不受也。故明主举实事，去无用，不道仁义，故不听学者之言"（《韩非子·显学》）。这种学者之言他认为是"愚诬之学"，是"杂反之学"，是不能效法的。虽然他说：

> 上古竞于道德，中世逐于智谋，当今争于气力。（《五蠹》，也见于《八说》，文字小异。）

也是"世异则事异"的具体说明，在氏族社会大家是可以"道德"相处的，而国家形成后，彼此之间要运用智谋，及至战国，互相吞并，寻求统一的局面形成，于是只有战争了。

在商鞅时代，没有完全排斥儒家所鼓吹的先王之道，所以他初见秦孝公还先说以帝王之道。这种学说和这种说法所产生的背景，离现社会实在太远，使人听也听不下去了，商鞅只好继说以霸道。在提倡先王之道的儒家本身，表现在历史观上也在分化着，孟荀两派的根本不同点之一，是孟子道先王，而荀子法后王；此后凡是称道先王的流变为保守的儒家，而称道后王的,走向法家。西汉的董仲舒折中于两者之间,所以他一方面提倡更化,而更化的内容还是先王之道!韩非在这方面的态度最为坚决,李斯也有同样的精神,"焚书""坑儒"的思想根源埋伏于此。

取消氏族贵族的特权,加强更高统治者的权力,是法家的思想,也是新兴地主阶级的要求,但新兴地主阶级之间也不是没有矛盾的,他们是经常在勾心斗角的,《韩非子》中说:

> 黄帝有言曰:"上下一日百战。"下匿其私,用试其上;上操度量,以割其下。(《扬权》)

这好比西汉武帝时,用了一大批商人为吏,回过头来大打商人地主一样,他们之间有统一也有矛盾,最高统治者设法限制一般地主的膨胀,以加强自己的统治与剥削,进而求得统治基础的巩固与统治者的安全,而一般地主阶级则力图对农民进行无穷的剥削,以膨胀自己的力量,加强自己的社会地位。韩非深知这种情况的危险,所以他说:

> 夫吏之所税,耕者也,而上之所养,学士也。耕者则重税,

学士则多赏，而索民之疾作而少言谈，不可得也。……怨言过于耳，必随之以剑。(《显学》)

"随之以剑"已经是农民暴动了，为人君者必须防备这一着，所以他公开地提出，要减轻农民们的徭役赋税，他说：

> 徭役多则民苦，民苦则权势起，权势起则复除重，复除重则贵人富。苦民以富贵人，起势以借人臣，非天下长利也。故曰，徭役少则民安，民安则下无重权，下无重权则权势灭，权势灭则德在上矣。(《备内》)

徭役多则权贵所得多而势力膨胀，他们本身又不服徭役，他们更加富贵起来而人民更苦，这样天下就会乱起来。于是他主张减少徭役。他又说：

> ……明主之治国也，适其时事，以致财物，论其税赋，以均贫富，厚其爵禄，以尽贤能，重其刑罚，以禁奸邪。使民以力得富，以事致贵，以过受罪，以功致赏，而不念慈惠之赐；此帝王之政也。(《六反》)

详细地讨论赋税的轻重,使贫富各得其平。同时他又主张"民以力得富,以事致贵"。这也是地主封建社会初期的一种反映,在宗法封建时代这无可能,在后来地主封建社会这也很少可能,在一个处于变换的时代,新的阶级秩序还没有稳定的时代,才有可能提出这种要求,而这种要求对于农民是有利的。因此,无论他们的动机如何,效果是好的,他们致力于推翻旧的氏族贵族,也在设法克制新兴地主阶级的过度剥削,要求一个强有力的中央政府,要求一个巩固而安定的局面,于是有秦汉的大一统,也有着汉朝初年的休养生息与无为,这虽然是实际的社会情况所决定,法家,尤其是韩非,这样的传统思想也有影响。

他们提倡变法,绝不主张"守株待兔",他们曾经提出"重变法"的主张,为什么要重变法呢?韩非说:

> 工人数变业则失其功,作者数摇徙则亡其功。一人之作,日亡半日,十日则亡五人之功矣。……然则数变业者,其人弥众,其亏弥大矣。凡法令更则利害易,利害易则民务变,民务变谓之变业。故以理观之,事大众而数摇之,则少成功,藏大器而数徙之,则多败伤,……治大国而数变法,则民苦之,是以有道之君,贵虚静而重变法。(《解老》)

这所谓"法"已经是变法之后的法，是法家的法。已经定出的法和令不能随便更易，因为法令代表利害，而人民是趋利避害的，也势必随之有所变易，这样屡更不已，天下就会乱起来。所以他说要"重变法"，这是地主阶级在阶级地位巩固后，要求法典化了。

总之他要求一个安定的社会，一个有秩序的安定社会。虽然他们反对旧贵族，也反对新地主无节制的剥削，他们的理想社会仍然是一个阶级严明的社会，是贵贱统属的社会，他说：

> 贵贱不相逾，愚智提衡而立，治之至也。（《有度》）

虽然这贵贱不是根据血统而是以智愚分，这又恢复到孟子"劳心者治人，劳力者治于人"的边缘，全是站在统治阶级的立场发言。

（三）"法""术""势"与无为

韩非之所谓法是隐栝，是模型，要人们绝对遵守，如果有人不懂得法，不遵守法也能够不为非，也是不合要求的，因为那是偶然现象，不可能对每个人这样要求，他说：

> 夫圣人之治国，不恃人之为吾善也，而用其不得为非也。

> 恃人之为吾善也,境内不什数;用人不得为非,一国可使齐。为治者用众而舍寡,故不务德而务法。夫必恃自直之箭,百世无矢,恃自圜之木,千世无轮矣。自直之箭,自圜之木,百世无有一,然而世皆乘车射禽者何也?隐栝之道用也。……故有术之君,不随适然之善,而行必然之道。(《显学》)

法是"必然之道",因为是必然之道,所以必须使天下人知晓,他说:

> 法者,编著之图籍,设之于官府而布之于百姓者也。……是以明主言法则境内卑贱,莫不闻知也。(《难三》)

使每一个人通晓法律,是使人不犯法的前提,而严刑峻法,使人望而生畏,更是使人不犯法的保证,他曾经反复地说明这种道理:

> 今不知治者,皆曰:"重刑伤民,轻刑可以止奸,何必于重哉?"此不察于治者也。夫以重止者,未必以轻止也;以轻止者,必以重止矣。是以上设重刑而奸尽止,奸尽止,奚伤于民也。(《六反》)

能够以重止之者未必能以轻止，而能以轻止之者，必能以重止，所以重刑可以止奸，止奸而后无伤于人民，反之轻刑会有伤于人民，他又以商鞅的实例说明道：

> 公孙鞅之法也重轻罪。重罪者，人之所难犯也；而小过者，人之所易去也。使人去其所易，无离其所难，此治之道。夫小过不生，大罪不至，是人无罪而乱不生也。一曰：公孙鞅曰："行刑重其轻者，轻者不至，重者不来，是谓以刑去刑也。"（《内储说上七术》）

重罪是人们不敢轻易触犯的，而小过是人容易免掉的，这样因为重刑的缘故，重罪不犯，小过离去，天下太平了。用另外的解释，刑轻罪以重刑，轻者免去，重者也不敢来；这全讲得通。法家是不讲仁慈，不讲个人的感情的，唯法是视：

> 故至治之国，有赏罚而无喜怒，故圣人极有刑法而死无螫毒，故奸人服。发矢中的，赏罚当符，故尧复生，羿复立，如此则上无殷夏之患，下无比干之祸，君高枕而臣乐业，道蔽天地，德极万世矣。（《用人》）

法家也不仗恃聪明智慧。"恃尽聪明,劳智虑,而以知奸,不亦无术乎?"(《韩非子·难三》)一切按法行事,不必先命而有功,也不能后令而成事;否则是杀无赦。他说:

> 昔者舜使吏决鸿水,先令有功而舜杀之。禹朝诸侯之君会稽之上,防风之君后至而禹斩之。以此观之,先令者杀,后令者斩,则古者先贵如令矣。(《饰邪》)

这是关于法的完整概念。然而与法相辅而行者有术;法是写成文字,公布于众的东西,人人可以掌握,而术则是"运用之妙存乎一心的东西"(《十批判书·韩非子的批判》)。所以他说:

> 明主之行制也天,其用人也鬼。(《八经》)

"行制也天"指用法言,"用人也鬼"指行术言。但我们也不必把"其用人也鬼"说成是一种见不得人的坏主意,主要的方法还是"事在四方,要在中央",要抓住事物的中心环节,不要支支离离地去解决问题,他说:

不任典成之吏，不察参伍之政，不明度量，恃尽聪明，劳智虑，而以知奸，不亦无术乎？且夫物众而智寡，寡不胜众，智不足以遍知物，故因物以治物。下众而上寡，寡不胜众者，言君不足以遍知臣也，故因人以知人。是以形体不劳而事治，智虑不用而奸得。故宋人语曰，"一雀过羿，羿必得之，则羿诬矣。以天下为之罗，则雀不失矣。"夫知奸亦有大罗，不失其一而已矣。（《难三》）

掌握住天下之大罗即所谓"术"，掌握天下大罗的具体方法：一、"因物以治物"；二、"因人以知人"。所谓"因物以治物"的内容是因名责实，有物则有形，有形则有名，然后"审名以定位，明分以辩类"（《韩非子·扬权》）。抓住"因名责实"这一个关键问题，则可以免去混乱。然而因为事情的繁衍，名实不尽符，这已经是一个老问题了，孔子的时代已经有"觚不觚"之叹，何况韩非子的时代？他说：

用一之道，以名为首；名正物定，名倚物徙。故圣人执一以静，使名自命，令事自定。（《扬权》）

"名倚物徙"是说名与实淆乱而不可究诘了，所以正名实为首要的环节。韩非虽然反对儒家，而鼓吹道家的无为，但这种通过正名以正物的方法，还是儒家公羊学派的学说；道家，无论老聃与庄周，全不是主张"用一之道，以名为首"的，他们是反对因名责实的。

一人不可以遍知众人，所以韩非主张"因人以知人"，但他反对儒家所提倡的贤人政治，他认为必待贤人而后治，等于：

> 今待尧舜之贤，乃治当世之民，是犹待粱肉而救饿之说也。夫曰良马固车，臧获御之则为人笑，王良御之则日取乎千里。吾不以为然。夫待越人之善海游者，以救中国之溺人，越人善游矣，而溺者不济矣。夫待古之王良以驭今之马，亦犹越人救溺之说也，不可亦明矣。（《难势》）

必致失败而天下乱，所以他提倡"中人"政治，他说：

> 世之治者，不绝于中，吾所以为言势者中也。中者上不及尧舜，而下亦不为桀纣。（《难势》）

中人是"比肩随踵而生"的，使他们"抱法处势"则天下治。

做好了"治物""知人"的工作，是掌握住治天下的网罗，也就是人君南面之术。

有法术还必须凭借一种威势，韩非说，"万乘之主，千乘之君，所以制天下而征诸侯者，以其威势也"（《韩非子·人主》）。关于"势"的问题曾经有过不同的见解，慎到以为，"尧为匹夫，不能治三人，而桀为天子，能乱天下"（《韩非子·难势》）。因此他认为势位足恃，而贤智是不足慕的。另一派的人则认为同是一种环境、一种位势，使尧舜为之天下治，桀纣为之天下乱，可见还是人们的智愚贤不肖起决定的作用。韩非是同意慎到的说法的，他以为无法无势，尧舜不能治三家；抱法处势，中人可以治天下。因为他把"势"当作一种地位，一种权势，所以他曾经把势比喻作人主之渊，而官吏是渊中之鱼。在这么一种地位中，有这么多的官吏存在，人君必须掌握住这种地位，利用这种地位，不能使官吏们掌握住它，如果官吏们掌握住地位和权势，那真是"如鱼得水"，可以无所不为。他说：

> 势重者，人君之渊也。君人者，势重于人臣之间，失则不可复得也。简公失之于田成，晋公失之于六卿，而邦亡身死。故曰："鱼不可脱于深渊。"（《喻老》）

> 势重者,人主之渊也;臣者,势重之鱼也。鱼失于渊而不可复得也,人主失其势重于臣,而不可复收也。(《内储说下六微》)

在这两段下面他全接着谈赏罚的问题,因为这是最具体的权势,必须掌握在君主手内,官吏们连苗头也不能看到,他说:

> 赏罚者,利器也,君操之以制臣,臣得之以拥主。故君先见所赏,则臣鬻之以为德;君先见所罚,则臣鬻之以为威。故曰:"国之利器,不可以示人。"(《内储说下六微》)

让他们看见这种利器的苗头,他们就可以作威作福,何况让他们掌握住这种利器。沫若先生说,"把势重喻为渊,人臣喻为鱼,照常识上说来,有点别扭"(《十批判书·韩非子的批判》)。这样看起来,也并不别扭,人君牢牢地掌握住这种权势,人臣不过是网罗中的游鱼;相反,人主不能掌握这种权势,被人臣所假,那就是游鱼得水,可以随心所欲。

能够做到以上各项,也就可以无为了,这是一种积极的无为,必须在各方面全安排得当而后可以无为(见《韩非子·扬权》)。这是发展了一步的"无为"学说,后来到西汉初年,把黄老的学说与申韩的学说结合起来,于是造成西汉初年政治上的无为,这既不同于老子,也不同于韩非,是折中两者的结果。

(四)小结

韩非子的思想不仅继承了法家各派的学说,他也接受了儒家和道家的影响,他实在是杂家的前驱。所谓杂家也就是先秦各个学派的总汇。当然,韩非最主要的观点还是法家。他认为历史在变化着,一个时代应当有一个时代的制度,所以他提倡变法,通过变法而达到一个理想的社会。

韩非之所谓法是隐栝,是模型,要人们绝对遵守。既然要人们遵守就需要人们知晓,而把法公布出来。他同时提倡重刑法,使人望而生畏,因而犯法者少,他说:"使吾法之无赦,犹入涧之必死也,则人莫之敢犯也,何为不治?"(《韩非子·内储说上七术》)与法相辅而行者有术,术是一种方法,在上者要抓住事物的中心环节,掌握住天下的大网罗,而具体的方案是:"因物以治物""因人以知人"。在"治物"方面,他提倡"形名"之学,后来也以形名之学代表法家,当本于此。因名责实,使名实不相混乱,是治物的要典。在知人以善任的方面,他并不鼓吹贤人政治,认为贤人世不一出,必待贤人而后治，如待越人之救中国溺人，是没法指望的，于是他提倡中人政治。

有法有术还要有势，权势好比"人君之渊"，人君必须掌握住这种权势，这种地位，才可以为所欲为，行法使术。如果被臣下们夺去，如鱼得水，就无可奈何，而天下乱。能够有势抱法而行术，也就可以实行无为政治了。然而这必须做一系列的工作，不是消极的无为，须要积极才能达到无为，法家的无为其实是理想，在现实生活上，他们是积极有为的。

名墨訾应论
——惠施"历物之意"及相关诸问题

惠施（约生于公元前三七〇年，周烈王六年；卒于公元前三一八年，周慎靓王三年）和庄周约略同时，而后于墨翟。过去曾经有人说惠施出于墨家，晋鲁胜在《墨辩注》的叙中指出："墨子著书，作辩经以立名本；惠施、公孙龙祖述其学，以正刑名。"是说惠施等祖述墨学。后来孙诒让在《墨子閒诂》的序中说："《经说》上下篇与庄周书所述惠施之论及公孙龙相出入，似原出墨子，而诸巨子以其说缀益之。"也是说惠施原出墨子。但近来学者多否定此说。我们则以为惠施的学术思想和墨家实多相訾相应，他们之间交互影响，这在《墨经》中也有所反映。惠施是一位具有科学素质的思想家，把他单纯看作一个诡辩家未免片面。和庄周相比，他们的思想体系不同，方法不同。郭沫若同志曾经说："他们的思维动向断然不同,惠施是向外穷索,庄周是向内冥搜。……而有侧重主观或客观的不同。在《庄子》书中两人辩论的故事颇多,差不多每一个故事都足以表示他们在方法论上的对立。"(《十批判书·名辩思潮的批判》)并举出《秋水》篇中的一个故事为证:

> 庄子与惠子游于濠梁之上。庄子曰:"儵鱼出游从容,是鱼之乐也。"惠子曰:"子非鱼,安知鱼之乐?"庄子曰:"子非我,安知我不知鱼之乐?"惠子曰:"我非子,固不知子矣;子固非鱼矣,子不知鱼之乐全矣。"庄子曰:"请循其本。子曰'汝安知鱼乐'云者,既已知吾知之而问我,我知之濠上也。"

关于这个故事的是非判断,沫若同志说:"根据鱼的客观异态,参证以人的主观自觉,确是可以判断鱼的忧乐。惠子的完全否定是诡辩,庄子的'我知之,濠上也'只是偷巧地把安字作为何处解释,同样是在玩弄诡辩的遁辞。"我则以为庄子是在诡辩,而惠施是在做客观的分析,任何一个人不能代替别人知与不知,更不要说代替鱼。你要探索鱼之乐与不乐,必须知道鱼乐什么,不乐什么,水深水浅,温度如何,食料如何等等，没有足够的调查研究，贸然判断鱼之乐与不乐是武断的。在逻辑上他们的方法都是假言判断，这是一种具有条件与判断结果的复合判断。"子非鱼，安知鱼之乐？"也就是"你必须是鱼，才能知道鱼之乐否"。前一句是判断的条件，后一句反映了有这样的条件就一定会出现的结果，而这个结果是真实的，因为由他人判断鱼之乐否是武断的，只有鱼自己知道。同样，庄子接着的判断也是真实的，因为你不是我，不能知道我是否知道鱼。他们两人的话都是充足而必要的条件判断，他们所反映的关系是真实的。以上两个判断是真实的，所以第三个判断，惠子的判断也是真实的。但是庄子后来的判断却是不真实的，因为他偷换概念，逃避问题，他用以当作判断的条件是不真实的，根本不存在"你已经承认我知道鱼之为乐"，结果也是错误的，因为他的判断出自臆想，实际上不能知道鱼之乐与不乐。因此，这场辩论，优胜一方属于惠施。

也正如郭沫若同志曾经指出的："在庄子书中两人辩论的故事颇多，差不多每一个故事都足以表示他们在方法论上的对立。"我们从《庄子·秋水》篇中也可以看出他们思想方法的对立。《秋水》篇曾设置河伯与北海之间的问答，北海的言论从全体看可以代表庄周，他的思想有值得注意处：

河伯曰:"然则吾大天地而小毫末,可乎?"北海若曰:"否,夫物量无穷,时无止,分无常,终始无故。是故大知观于远近,故小而不寡,大而不多,知物量之无穷也。证于曏今,故遥而不闷,掇而不跂,知时之无止也。察乎盈虚,故得而不喜,失而不忧,知分之无常也。明乎坦途,故生而不悦,死而不祸,知终始之不可故也。计人之所知,不若其所不知;其生之时,不若未生之时。以其至小,求穷其至大之域,是故迷乱而不能自得也。由此观之,又何以知毫末之足以定至细之倪?又何以知天地之足以穷至大之域?"(据《社会科学战线》一九七八年创刊号何善周先生《〈庄子·秋水〉篇校注辨正》)

上述北海的答问存在着糟粕与精华,如今就其中论时间空间问题来说明庄周与惠施思想体系之不同及其得失。前面说过,北海的意见可以代表庄周,他说:一、"物量无穷,时无止"。二、"大知观于远近,故小而不寡,大而不多,知物量之无穷也"。三、"证于曏今,故遥而不闷,掇而不跂,知时之无止也"。其中第二条说:"大知观于远近,……知物量之无穷。"以远近与物量结合,我们知道此所谓"物量"指空间言。第三条:"证于曏今,……知时之无止也。"以曏今结合于时,这是指时间言,而空间时间的本质又是:"物量无穷,时无止。"这是说空间无穷而时间无尽。时空有限无限问题在中外科学史及哲学史上讨论了几千年,根据自然辩证法的原理以及近代科学家的判断,可以得出结论:时间无尽,而空间无穷。上面的北海也正是这样主张,所以说庄周的思想有值得注意处,不能以唯心主义一笔抹杀之。如果使"物量无穷"作为"时间无止"的前提,则更属卓识,因为这是把空间时间联系起来,作为"空时"说的前身;不过这并没有进一步的证据。

《庄子·天下》篇又曾经说:

> 惠施多方,……历物之意曰:"至大无外,谓之'大一';至小无内,谓之'小一'。无厚不可积也,其大千里。天与地卑,山与泽平。日方中方睨,物方生方死。大同而与小同异,此之谓小同异;万物毕同毕异,此之谓大同异。'南方无穷'而有穷,今日适越而昔来。连环可解也;我知天下之中央,燕之北,越之南是也。泛爱万物,天地一体也。"惠施以此为大观于天下而晓辩者,天下之辩者相与乐之。

以上诸命题惠施用以晓当时的"辩者",而"辩者相与乐之"。这不仅引起辩者的兴趣，参与上述争论者先后有墨家、庄周及荀卿，他们都是哲学史上的大人物，有他们参加的"争鸣"，真是绚烂已极。

根据我的理解，上述"历物之意"可分解为八个命题：一、"至大无外，谓之'大一'；至小无内，谓之'小一'"。二、"无厚不可积也，其大千里"。三、"天与地卑，山与泽平"。四、"日方中方睨，物方生方死"。五、"大同而与小同异，此之谓小同异；万物毕同毕异，此之谓大同异"。六、"南方无穷而有穷，今日适越而昔来"。七、"连环可解也，我知天下之中央，燕之北、越之南是也"。八、"泛爱万物，天地一体也"。

第一个命题是："至大无外，谓之'大一'；至小无内，谓之'小一'。"对此曾经有人做过解释道：

> 《管子·心术上》篇说："道在天地之间也，其大无外，其小无内。……"惠施的第一条辩论，实际上是对宋、尹学派讲的道所作的一种逻辑上的解释。这是说，最大的在空间上是无限的，所以说是"无外"；最小的东西，小到无法分割，所以是"无内"。但最大的和最小的又都称为"一"，也就是说只是一个东西的两个方面，大和小又是

联系在一起的。惠施看到了事物相对性质及其联系，还有辩证的因素。……惠施……只是从概念对"至大"和"至小"作了抽象的分析，并且把"至大"和"至小"都抽象地名之曰"一"，这实际上是把宋、尹学派所讲的道的物质性方面的意义无形中取消了，而代之为一种纯粹抽象的逻辑上的概念，这样就转向唯心主义（任继愈主编《中国哲学史》第一册）。

以上的解释值得商量。首先，惠施是一个宇宙有限论者，因而他说："至大无外，谓之'大一'；至小无内，谓之'小一'。""一"可以是无限的，但"大一""小一"却是有限的概念，"至大无外"和"至小无内"都是有限，不是无限，这是一个有确定数量的命题。从最大的方面来说，"至大无外"是一个封闭的有界的概念，虽然至大也不是无限；从最小的方面来说，"至小无内"是指物质不是无限可分的，因而物质最小独立部分的总量数是确定的。在无限的宇宙中找不到"至大"和"至小"，这是永不能达到的极限；如果找到，那是时间有尽而空间有穷，是有限的宇宙，如惠施所主张。这"至大""至小"近乎杜林的"定数论"，因而是有问题的。关于这个问题，反而是庄子的意见可取，他曾经说："物量无

穷,时无止。"是无限的概念。墨家于此也有过光辉的论述,他们提出的无限大和无限小等问题,都合于近代的科学,比如:

> 穷,或有前不容尺也。(《经上》)
> 穷,或不容尺有穷;莫不容尺无穷也。(《经说上》)

详细的解说见拙著《墨家的时空理论及其在自然科学方面的贡献》,如今用数学分析方法解释。"尺"是线段,以 l 代之,"或(域)前不容尺"是线段 l 小于任意正整数 ε ,而有:

$$l < \varepsilon,$$

"莫不容尺无穷"是 l 大于任意正整数 M ,而有:

$$l > M,$$

这大的、小的 l 都是无穷,也可以说都是"一",如果是"至大无外",应当是:

$$L = M,$$

而"至小无内"应当是:

$$L = \varepsilon,$$

都是指有限的概念,因而有"至大"和"至小"的提法。这数学上的无限是从现象中、从宇宙中借用来的,因而我们说墨家是宇宙无限论,而惠施是有限论。恩格斯在《关于现实世界中数学的无限的原型》札记中指出：

> 关于物质构造不论采取什么观点，下面一点是非常肯定的：物质是按质量的相对的大小分成一系列较大的、容易分清的组，使每一组的各个组成部分互相间在质量方面都具有确定的、有限的比值，但对于邻近的组的各个组成部分则具有在数学意义下的无限大或无限小的比值。……数学的无限是从现实中借来的。（《自然辩证法》，人民出版社一九七一年版，第二四八至二四九页）

曾经有人用上面这段话来说明惠施的理论，以为"大一和小一是物质的一系列'组'的两端，而把日常中的物质安排成中间的'组'"（孟乃昌：《惠施与公孙龙学说中的命题》，《光明日报》一九六二年二月九日）。把"大一"和"小一"当作一系列"组"的两端，这两端的系列仍然是有限，不是恩格斯所说明的无限。每一组的成员相互间在质量方面都有确定的、有限的关系，但对于邻近的组的成员具有在数学意义下的无限大或无限小的关系。因为"这一系列的组"是无限的，其中的成员也是无限的，因而这一系列的组的成员间的关系不是确定的，而且它也不具有两端，具有两端的组是封闭区，是有限的,物量无穷,不可能编成有限的系列。

也正如恩格斯所指出的,"数学上的无限是从现实中借来的"。数学不是先验的,"无限"也不是先验的。没有现实,不会有数学,惠施的数学有限论和他的宇宙有限论分不开。先秦诸子,尤其是墨家、庄子、惠施与荀卿曾经先后热烈地讨论宇宙之有穷无穷,用当时的术语说,叫作"南方无穷"或"有穷"的争鸣。墨家曾经提出:

> 无穷不害兼,说在盈否。(《经下》)

他们说"南方无穷",也就是"空间无穷",这无穷的空间又称为"无南"(见《经说下》,参看拙作《〈墨经〉有关数学、物理条文校注》)。如果南方有穷则宇徙自南有穷,宇徙自南有穷则旦暮有穷,旦暮有穷则时间有穷,时间空间有穷即宇宙有限论,这不是墨家的主张。但在无穷的宇宙中如果有无穷的人类,则没有方法实行兼爱,因为这个条件是不能满足的,也就是说兼爱无穷的人们的判断是不真实的。墨家注重逻辑,这一个假言判断得不到满足因而以为"誖",但"无穷不害兼,说在盈否",宇宙无限不一定居住无限的人口,问题看人们是否充满宇宙,所以又说:

> 人若不盈无穷，则人有穷也，尽有穷无难。(《经说下》)

人口是有穷的，尽爱有穷的人并不困难，这在事实上和逻辑上都说得通，所以他们虽然主张宇宙无穷，仍然鼓吹"兼爱"。惠施却更向前看，而主张"泛爱万物"，《天下》篇中的"历物之意"第八题是："泛爱万物，天地一体也"。郭沫若同志对之有所发挥道：

> 万物都是"大一"的显现，这是"万物毕同"，……从这儿自然可以导引出"泛爱万物，天地一体"的观念来，因为天地万物尽管不同，而同出于"大一"，自然同是"一体"，也就须得泛爱了。他这"泛爱"虽然有类于墨子的"兼爱"，但不仅出发点不同，即其范围与目的也都不同。墨氏的"兼爱"只限于人类，……惠施的"泛爱"及于天地万物。……把惠施和墨翟混同的见解，那是皮毛的见解（《十批判书·名辩思潮的批判》）。

的确不能把墨家和惠施的见解混同起来，他们之间的根本歧异处，即宇宙观方面的不同：墨家主张宇宙无穷，在无穷的宇宙内人类有穷，因而可以兼爱；惠施却主张宇宙有穷，他说,"南方无穷而有穷",宇宙有穷,物量有穷,"万物"虽多,更属确定,所以可以泛爱。先秦诸子惠、墨、庄、荀都是大家,他们都注意到逻辑问题,因而很少在这方面出问题。庄子和惠施始终是对手,庄子也主张"物量无穷,时无止",因而是宇宙无限论者,因而也是反对"泛爱万物"的人,在《秋水》篇中的北海就曾经批判这种观点道:

> 泛泛乎其若四方之无穷,其无所畛域。兼怀万物,其孰承翼?是谓无方。

宇宙无穷,所以没有界限(畛域),没有界限就是无限的宇宙;万物也是无限,是没有确定量的物。那么你在这无限的宇宙内要兼怀无限的物,是打算照顾(承翼)哪些?这种做法就叫作"无方"。"无方"在先秦是逻辑上的术语,是指不合逻辑。不过,在惠施的思想中是宇宙有限,物量有穷,所以可以兼怀。于此墨家与庄周都在批评惠施,因为他们三家的宇宙观根本不同。

惠施的观点在各方面的表现是一致的,他主张宇宙有限,物类有穷,因而可以兼怀。当先秦诸子多数在主张"南方无穷"时,他却说:

> 南方无穷而有穷，今日适越而昔来。

又说：

> 连环可解也。我知天下之中央，燕之北，越之南是也。

都是宇宙有限论。"南方无穷"是当时的成说，也就是说空间无穷，但他说"有穷"，他是在否定空间无穷，空间有穷，南方自然不是绝对无限而是相对的，南北的关系也是相对的，又因为宇是圆形，所以说：

> 天下之中央，燕之北，越之南是也。

而宇徙自南向北，南方的时间早于北方，以致有"今日适越而昔来"的结果。上文提到的《光明日报》上《惠施与公孙龙学说中的命题》一文中对此曾经有过解释，可以参考。其中有云："他认为环状物处处是起点，惠施说，'连环可解也'，因此对于球面就处处可以是中心。'天下之中央'……可以是'燕之北，越之南'。他从'南方无穷'的看法发展到'地圆说'。'南方无穷'不仅是空间无限，也是周而复始地在地球上循环。这就是他否认发展的循环论在这个问题上的反映。这样的解释是符合他的哲学观点的。"上面的解释有些未免过誉,有些未免不足。首先,惠施并不是空间无限论者,"南方无穷"不是他的主张,他是说"南方无穷而有穷",他是用"有穷"否定了"无穷"。他的贡献在于他提出地圆说,除非是地圆,不会有"天下之中央,燕之北,越之南是也",而连环也不可解。这朴素而自然的结论:"地圆而自南向北旋转",虽然方向不对,但是认为地圆形而转,岂非卓识!

不过惠施主张宇宙是有限的,他所讲的宇似乎只限于地球,地球旋转不已,状如连环,而旋转的轴心是天下之中央,找到了地球的轴心,说明了它的旋转方向,而"连环可解也",也就是说找到中心环节了。这种理论补充了墨家未曾备的学说,这也说明当时的百家争鸣之推动学术思想的发展。墨家曾经多次谈"宇徙"问题,但始终没有明确宇徙的法则,虽然他们指出南方无穷,任何一方的无穷,都可以说明宇宙的无穷,结合起来看,当时的科学家认为地球自南向北旋转,连环不已,而有四时,而有早晚,他们以为南方是太阳所在,地球自此开始旋转,因为南方无穷,所以它永远离不开南方。

在数学有限无限问题的争论上,也可以看出墨家与惠施之间的对立。《天下》篇记载当时辩者提出来的问题有:

> 一尺之棰，日取其半，万世不竭。

这是辩者提出和惠施相应和的问题，所以不能说与他无关。根据他们的理论，一尺之棰，万世取之不竭。其实按照他们的"取"法，不会有"万世不竭"的结果，墨家曾经批评这种"取"法说：

> "非半弗䲧，则不动。说在端"。（《经下》）
> "非䲧半，进前取也；前则中无为半，犹端也。前后取则端中也。䲧必半，无与非半，不可䲧也。"（《经说下》）

《经下》"非半弗䲧，则不动"及《经说下》"䲧必半，无与非半，不可䲧也"，都是针对辩者立说，墨家认为这种非半不取的做法，等于不取。譬如使"一尺之棰"等于 AB，再取 AB 中点为 P，则：

$$\frac{AP}{BP} = \lambda$$

因为 P 是 AB 的中心点，所以 $\lambda = 1$。当 P 在 AB 上移动时，有

$$\lambda = \frac{AP}{BP}$$

随着移动，由于 AB 长短固定，只有分母 PB 随 P 动而动，则 λ 随

P而变的关系,便看得清楚:

$$AB=(1+\lambda)(PB)$$

$$PB = \frac{AB}{(1+\lambda)}$$

因为是"日取其半",原则上P点始终居中,P的位置不变,所以关于PB的比值不变,因而λ值永远是1:

$$\frac{AP}{BP} = \lambda = 1$$

原来是"一",取来取去还是一,所以说"非半弗斱,则不动"。因而墨家提出新的取法:一是"进前取",一是"前后取"。这两种取法都是取点而不取线,线是由无数点(端)组成,而不是由无数线,取点于线才可以有万世不竭的结果。

通过上面的分析,知道惠施是宇宙有限论者。郭沫若同志曾经指出《吕氏春秋·有始览》的有关记载,源出惠施。他说:

《吕氏春秋·有始览》一篇颇疑采自《惠子》。其文云:"天地有始,天微以成,地塞以形,天地合和,生之大经也。夫物合而成,离而生。知合知成,知离知生,则天地平矣。平也者皆当察其情,处其形。""天地平"似乎就是"天地比"。接着叙述"天有九野,地有九州,土有九山,山有九塞,泽有九薮,风有八等,水有六川",一一列举了

它们的名字，更举出四极四海之内的广长的里数，冬至夏至日行的轨道。(《十批判书·名辩思潮的批判》)

我们可以看到，惠施似乎还不具有大九州的概念，更不用说是无限的宇宙。上面说过，他的宇宙模型之最可取处是地圆说，"我知天下之中央，燕之北，越之南是也"。这不可能有其他解释，所以他又提出：

> 天与地卑，山与泽平。(《庄子·天下》篇)

只有地圆形，才能有这种感觉，而且他的天地合成一体，所以有"天地合和"的提法。天地合成一体，即无所谓高低，而地圆则因不同纬度，高山可以与低泽平。地圆自南而北旋转，遂形成南方时间早于北方，而有

> 今日适越而昔来。(《庄子·天下》篇)

这种地圆说，以及"天与地卑，山与泽平"的理论，在当时应当得到承认。可是《荀子·不苟》篇还是对之有所批评：

> 山渊平，天地比，……是说之难持者也，而惠施、邓析能之。

杨倞注云：

> 比，谓等齐也。……或曰，天无实形，地之上空虚者尽皆天也，是天地长亲比相随，无天高地下之殊也。在高山则天亦高，在深渊则天亦下，故曰：天地比。地去天远近皆相似，是山泽平也。

荀子是先秦儒家最富于科学思想的人，他却在批评惠施等的理论难于维持。杨倞注引或曰，可以补充惠施的理论，天是不定形体，地之上空虚者尽皆天，无天高地下之别。先秦不存在一个"天"的严格定义，诸子各天其所谓天，所以发生争论。惠施对于天肯定有明确的看法，可惜他的著作散失，《庄子》书中也没有全部录下来。

"历物之意"第二题是：

> 无厚不可积也，其大千里。

这是几何学上的命题。谈到古代几何学，墨家可能是当时的世界权威，科学史家早就注意到了。不过西方哲学史、科学史家不这样说，他们认为这是古希腊人的专利，比如罗素说："欧几里得几何学曾是唯一被公认的教科书。"（见罗素《西方哲学史》第一编）我们承认古希腊的几何学，但我们古代也有自己的几何学。墨家曾经就惠施所描述的几何发表见解：

厚，有所大也。（《经上》）
厚，惟无所大。（《经说上》）

"厚"指体积，"所"指面积，面积论大小，而体积论高厚。《经上》"有所大也"，指出面积有大小，而《经说上》"惟无所大"，是指无厚度的面积，认为没有厚度的面积也可以论大小。惠施和墨家的意见在这里相应，而不是相訾。关于"无厚"，上引《光明日报》论惠施文中曾经解说道：

> 惠施的"面"则与现在欧几里得几何学中的面的概念类似。他说："无厚不可积也，其大千里。"这句话很有公理式的意味，它给"面"下了定义，……庄周说"刀刃者，无厚"。……惠施比庄周谨严地说出了"无厚"的概念，

这也是针对体积计算公式的挑战。例如截面相等的柱体：

$$v = s \times h$$

（v——截面相等的柱体体积，s——柱体底面积，h——柱高）；但惠施却道出了下列式：

$$v = \int_a^b s(h)\,\mathrm{d}h$$

（v——立体体积，a，b为立体低点与高点高度），他指出了尽管 s 大至方圆千里，但是 $\mathrm{d}h$ 不能为零，否则是不能计算体积的。

这样解释可取，同样可以解《墨经》。

关于"历物之意"第四题：

> 日方中方睨，物方生方死。

这个命题说明惠施思想中的发展概念。王先谦的《庄子集释》云："睨，侧视也，谓日方中而景已复冥，谓景方冥而光已复灭，谓光方没而明亦复升。凡中昃之与升没，若转枢循环，自相与为先后，始终无别，则存亡死生与之何殊也。"这种解释有循环论色彩，惠施的原义是：当新的东西出现，已经有老去的萌芽，这是新旧对立的统一。影响到后来的思想家，宋代唯物主义思想家张载有诗云：

> 芭蕉心尽展新枝，新卷新心暗已随。愿学新心养新德，旋随新叶起新知。

"新叶新心暗已随"，道出暗随新而俱至，亦即"日方中方睨，物方生方死"之意。这不是循环论。

"历物之意"第五题：

> 大同而与小同异，此之谓小同异；万物毕同毕异，此之谓大同异。

命题比较含混。他是说物与物有大同有小同，这大同小同之间还是小同小异；而万物可以说是毕同，也可以说是毕异，这才是大同大异。这种提法一方面漫无边际，一方面沦于诡辩。墨家谨严，从来不如此含混立说。《墨经》曾经论"同"，论"异"，论"同异交得"。"同异交得"近于惠施大同异、小同异的提法，但本质不同，它颇富于辩证思想。高亨《墨经校诠》以为"同异交得"即"事物之矛盾对立现象也"。因为惠施的命题近于诡辩，墨家于此有不同提法，他们说：

> 异类不吡,说在量。(《经下》)
>
> 异:木与夜孰长?智与粟孰多?爵、亲、行、贾四者孰贵?麋与霍孰高?蚓与瑟孰悲?(《经说下》)

异类不比,这是类比逻辑的法则,所以先秦时代就有"方以类聚,物以群分"的说法。"不可方物",则是指出没法进行逻辑的类比,上面举例都是,如果在比较木与夜孰长,智与粟孰多,岂非梦呓?但惠施所鼓吹的大同小同、大异小异之说,在墨家看来他是不懂逻辑,而庄子却认为他是多事了。

惠施的学说没有能够全部保存下来,现在只能"窥豹一斑"。《天下》篇还叙述有关惠施的学术活动道:

> 南方有倚人焉,曰黄缭,问天地所以不坠不陷,风雨雷霆之故。惠施不辞而应,不虑而对,遍为万物说,说而不休,多而无已,犹以为寡,益之以怪。

郭沫若同志指出:"问已问得颇有科学精神,答想必也答得很有道理。可惜他的'万物说'失传了,怪是怎样的'怪',也无从得而知了。"(《十批判书·名辩思潮的批判》)我颇有同感。惠施有"历物之意",有"万物说",他言不离物,正好是"格物"大家，用现代的语言，他就是物理学家了。黄缭问"天地所以不坠不陷"的缘故，惠施如何答法呢？他不辞而应，不虑而对，表明他胸有成竹，他不会把功劳奉之于上帝，可惜我们看不到答案，也没有看到墨家和庄周在这方面的訾应，只是看到当时的批评：

> 说而不休，多而无已，犹以为寡，益之以怪。

这是少见多怪，当时见怪的事一定是出奇的事，这一定是奇葩，可惜我们看不见，这是科学史上的损失。

当时人不仅批评他怪，还在批评他过于追求"物"。《天下》篇一再指出他"弱于德，强于物""其于物也何庸""逐万物而不返"等等。可见他是一个探讨物质科学的人，后来的《列子》《淮南子》及《周髀算经》等著作中有关的科学理论都似乎是在回答黄缭的问题，他们是惠施科学理论的继承者，这的确是优良的传统。郭沫若同志曾经概括地说：

> 大体上惠施的理解，有些和近代的微分、积分、量子、电子、天文年、地质年等那样的观念相近，在先秦诸子中最有科学素质的人恐怕就要数他。（《十批判书·名辩思

潮的批判》)

于此我们补充道：在先秦，最有科学素质的人首推墨翟，其后是墨子门人及惠施，儒家荀子也是具有科学素质的人，后来的儒家及经师还具有这科学的传统，张衡就是这样的人物。

(原载《中华文史论丛》第八辑)

国家新闻出版广电总局
首届向全国推荐中华优秀传统文化普及图书

大家小书书目

国学救亡讲演录	章太炎 著	蒙 木 编
门外文谈	鲁 迅 著	
经典常谈	朱自清 著	
语言与文化	罗常培 著	
习坎庸言校正	罗 庸 著	杜志勇 校注
鸭池十讲(增订本)	罗 庸 著	杜志勇 编订
古代汉语常识	王 力 著	
国学概论新编	谭正璧 编著	
文言尺牍入门	谭正璧 著	
日用交谊尺牍	谭正璧 著	
敦煌学概论	姜亮夫 著	
训诂简论	陆宗达 著	
金石丛话	施蛰存 著	
常识	周有光 著	叶 芳 编
文言津逮	张中行 著	
经学常谈	屈守元 著	
国学讲演录	程应镠 著	
英语学习	李赋宁 著	
中国字典史略	刘叶秋 著	
语文修养	刘叶秋 著	
笔祸史谈丛	黄 裳 著	
古典目录学浅说	来新夏 著	
闲谈写对联	白化文 著	
汉字知识	郭锡良 著	
怎样使用标点符号(增订本)	苏培成 著	
汉字构型学讲座	王 宁 著	

诗境浅说	俞陛云 著
唐五代词境浅说	俞陛云 著
北宋词境浅说	俞陛云 著
南宋词境浅说	俞陛云 著
人间词话新注	王国维 著　滕咸惠 校注
苏辛词说	顾随 著　陈均 校
诗论	朱光潜 著
唐五代两宋词史稿	郑振铎 著
唐诗杂论	闻一多 著
诗词格律概要	王力 著
唐宋词欣赏	夏承焘 著
槐屋古诗说	俞平伯 著
词学十讲	龙榆生 著
词曲概论	龙榆生 著
唐宋词格律	龙榆生 著
楚辞讲录	姜亮夫 著
读词偶记	詹安泰 著
中国古典诗歌讲稿	浦江清 著　浦汉明 彭书麟 整理
唐人绝句启蒙	李霁野 著
唐宋词启蒙	李霁野 著
唐诗研究	胡云翼 著
风诗心赏	萧涤非 著　萧光乾 萧海川 编
人民诗人杜甫	萧涤非 著　萧光乾 萧海川 编
唐宋词概说	吴世昌 著
宋词赏析	沈祖棻 著
唐人七绝诗浅释	沈祖棻 著
道教徒的诗人李白及其痛苦	李长之 著
英美现代诗谈	王佐良 著　董伯韬 编
闲坐说诗经	金性尧 著
陶渊明批评	萧望卿 著

古典诗文述略	吴小如	著
诗的魅力		
——郑敏谈外国诗歌	郑 敏	著
新诗与传统	郑 敏	著
一诗一世界	邵燕祥	著
舒芜说诗	舒 芜	著
名篇词例选说	叶嘉莹	著
汉魏六朝诗简说	王运熙 著	董伯韬 编
唐诗纵横谈	周勋初	著
楚辞讲座	汤炳正	著
	汤序波 汤文瑞	整理
好诗不厌百回读	袁行霈	著
山水有清音		
——古代山水田园诗鉴要	葛晓音	著
红楼梦考证	胡 适	著
《水浒传》考证	胡 适	著
《水浒传》与中国社会	萨孟武	著
《西游记》与中国古代政治	萨孟武	著
《红楼梦》与中国旧家庭	萨孟武	著
《金瓶梅》人物	孟 超 著	张光宇 绘
水泊梁山英雄谱	孟 超 著	张光宇 绘
水浒五论	聂绀弩	著
《三国演义》试论	董每戡	著
《红楼梦》的艺术生命	吴组缃 著	刘勇强 编
《红楼梦》探源	吴世昌	著
《西游记》漫话	林 庚	著
史诗《红楼梦》	何其芳	著
	王叔晖 图	蒙 木 编
细说红楼	周绍良	著
红楼小讲	周汝昌 著	周伦玲 整理

曹雪芹的故事	周汝昌 著	周伦玲 整理
古典小说漫稿	吴小如 著	
三生石上旧精魂		
——中国古代小说与宗教	白化文 著	
《金瓶梅》十二讲	宁宗一 著	
中国古典小说十五讲	宁宗一 著	
古体小说论要	程毅中 著	
近体小说论要	程毅中 著	
《聊斋志异》面面观	马振方 著	
《儒林外史》简说	何满子 著	
我的杂学	周作人 著	张丽华 编
写作常谈	叶圣陶 著	
中国骈文概论	瞿兑之 著	
谈修养	朱光潜 著	
给青年的十二封信	朱光潜 著	
论雅俗共赏	朱自清 著	
文学概论讲义	老舍 著	
中国文学史导论	罗庸 著	杜志勇 辑校
给少男少女	李霁野 著	
古典文学略述	王季思 著	王兆凯 编
古典戏曲略说	王季思 著	王兆凯 编
鲁迅批判	李长之 著	
唐代进士行卷与文学	程千帆 著	
说八股	启功 张中行	金克木 著
译余偶拾	杨宪益 著	
文学漫识	杨宪益 著	
三国谈心录	金性尧 著	
夜阑话韩柳	金性尧 著	
漫谈西方文学	李赋宁 著	
历代笔记概述	刘叶秋 著	

周作人概观	舒 芜 著	
古代文学入门	王运熙 著	董伯韬 编
有琴一张	资中筠 著	
中国文化与世界文化	乐黛云 著	
新文学小讲	严家炎 著	
回归，还是出发	高尔泰 著	
文学的阅读	洪子诚 著	
中国文学1949—1989	洪子诚 著	
鲁迅作品细读	钱理群 著	
中国戏曲	么书仪 著	
元曲十题	么书仪 著	
唐宋八大家 ——古代散文的典范	葛晓音 选译	

辛亥革命亲历记	吴玉章 著	
中国历史讲话	熊十力 著	
中国史学入门	顾颉刚 著	何启君 整理
秦汉的方士与儒生	顾颉刚 著	
三国史话	吕思勉 著	
史学要论	李大钊 著	
中国近代史	蒋廷黻 著	
民族与古代中国史	傅斯年 著	
五谷史话	万国鼎 著	徐定懿 编
民族文话	郑振铎 著	
史料与史学	翦伯赞 著	
秦汉史九讲	翦伯赞 著	
唐代社会概略	黄现璠 著	
清史简述	郑天挺 著	
两汉社会生活概述	谢国桢 著	
中国文化与中国的兵	雷海宗 著	
元史讲座	韩儒林 著	

魏晋南北朝史稿	贺昌群	著
汉唐精神	贺昌群	著
海上丝路与文化交流	常任侠	著
中国史纲	张荫麟	著
两宋史纲	张荫麟	著
北宋政治改革家王安石	邓广铭	著
从紫禁城到故宫 ——营建、艺术、史事	单士元	著
春秋史	童书业	著
明史简述	吴晗	著
朱元璋传	吴晗	著
明朝开国史	吴晗	著
旧史新谈	吴晗 著 习之 编	
史学遗产六讲	白寿彝	著
先秦思想讲话	杨向奎	著
司马迁之人格与风格	李长之	著
历史人物	郭沫若	著
屈原研究（增订本）	郭沫若	著
考古寻根记	苏秉琦	著
舆地勾稽六十年	谭其骧	著
魏晋南北朝隋唐史	唐长孺	著
秦汉史略	何兹全	著
魏晋南北朝史略	何兹全	著
司马迁	季镇淮	著
唐王朝的崛起与兴盛	汪篯	著
南北朝史话	程应镠	著
二千年间	胡绳	著
论三国人物	方诗铭	著
辽代史话	陈述	著
考古发现与中西文化交流	宿白	著
清史三百年	戴逸	著

清史寻踪	戴逸 著	
走出中国近代史	章开沅 著	
中国古代政治文明讲略	张传玺 著	
艺术、神话与祭祀	张光直 著	
	刘静 乌鲁木加甫 译	
中国古代衣食住行	许嘉璐 著	
辽夏金元小史	邱树森 著	
中国古代史学十讲	瞿林东 著	
历代官制概述	瞿宣颖 著	
宾虹论画	黄宾虹 著	
中国绘画史	陈师曾 著	
和青年朋友谈书法	沈尹默 著	
中国画法研究	吕凤子 著	
桥梁史话	茅以升 著	
中国戏剧史讲座	周贻白 著	
中国戏剧简史	董每戡 著	
西洋戏剧简史	董每戡 著	
俞平伯说昆曲	俞平伯 著	陈均 编
新建筑与流派	童寯 著	
论园	童寯 著	
拙匠随笔	梁思成 著	林洙 编
中国建筑艺术	梁思成 著	林洙 编
沈从文讲文物	沈从文 著	王风 编
中国画的艺术	徐悲鸿 著	马小起 编
中国绘画史纲	傅抱石 著	
龙坡谈艺	台静农 著	
中国舞蹈史话	常任侠 著	
中国美术史谈	常任侠 著	
说书与戏曲	金受申 著	
世界美术名作二十讲	傅雷 著	

中国画论体系及其批评	李长之 著	
金石书画漫谈	启 功 著	赵仁珪 编
吞山怀谷		
——中国山水园林艺术	汪菊渊 著	
故宫探微	朱家溍 著	
中国古代音乐与舞蹈	阴法鲁 著	刘玉才 编
梓翁说园	陈从周 著	
旧戏新谈	黄 裳 著	
民间年画十讲	王树村 著	姜彦文 编
民间美术与民俗	王树村 著	姜彦文 编
长城史话	罗哲文 著	
天工人巧		
——中国古园林六讲	罗哲文 著	
现代建筑奠基人	罗小未 著	
世界桥梁趣谈	唐寰澄 著	
如何欣赏一座桥	唐寰澄 著	
桥梁的故事	唐寰澄 著	
园林的意境	周维权 著	
万方安和		
——皇家园林的故事	周维权 著	
乡土漫谈	陈志华 著	
现代建筑的故事	吴焕加 著	
中国古代建筑概说	傅熹年 著	
简易哲学纲要	蔡元培 著	
大学教育	蔡元培 著	
	北大元培学院 编	
老子、孔子、墨子及其学派	梁启超 著	
春秋战国思想史话	嵇文甫 著	
晚明思想史论	嵇文甫 著	
新人生论	冯友兰 著	

中国哲学与未来世界哲学	冯友兰 著	
谈美	朱光潜 著	
谈美书简	朱光潜 著	
中国古代心理学思想	潘菽 著	
新人生观	罗家伦 著	
佛教基本知识	周叔迦 著	
儒学述要	罗庸 著	杜志勇 辑校
老子其人其书及其学派	詹剑峰 著	
周易简要	李镜池 著	李铭建 编
希腊漫话	罗念生 著	
佛教常识答问	赵朴初 著	
维也纳学派哲学	洪谦 著	
大一统与儒家思想	杨向奎 著	
孔子的故事	李长之 著	
西洋哲学史	李长之 著	
哲学讲话	艾思奇 著	
中国文化六讲	何兹全 著	
墨子与墨家	任继愈 著	
中华慧命续千年	萧萐父 著	
儒学十讲	汤一介 著	
汉化佛教与佛寺	白化文 著	
传统文化六讲	金开诚 著	金舒年 徐令缘 编
美是自由的象征	高尔泰 著	
艺术的觉醒	高尔泰 著	
中华文化片论	冯天瑜 著	
儒者的智慧	郭齐勇 著	
中国政治思想史	吕思勉 著	
市政制度	张慰慈 著	
政治学大纲	张慰慈 著	
民俗与迷信	江绍原 著	陈泳超 整理

政治的学问	钱端升 著	钱元强 编
从古典经济学派到马克思	陈岱孙 著	
乡土中国	费孝通 著	
社会调查自白	费孝通 著	
怎样做好律师	张思之 著	孙国栋 编
中西之交	陈乐民 著	
律师与法治	江平 著	孙国栋 编
中华法文化史镜鉴	张晋藩 著	
新闻艺术（增订本）	徐铸成 著	
经济学常识	吴敬琏 著	马国川 编
中国化学史稿	张子高 编著	
中国机械工程发明史	刘仙洲 著	
天道与人文	竺可桢 著	施爱东 编
中国医学史略	范行准 著	
优选法与统筹法平话	华罗庚 著	
数学知识竞赛五讲	华罗庚 著	
中国历史上的科学发明（插图本）	钱伟长 著	

出版说明

"大家小书"多是一代大家的经典著作,在还属于手抄的著述年代里,每个字都是经过作者精琢细磨之后所拣选的。为尊重作者写作习惯和遣词风格、尊重语言文字自身发展流变的规律,为读者提供一个可靠的版本,"大家小书"对于已经经典化的作品不进行现代汉语的规范化处理。

提请读者特别注意。

北京出版社